9割の“普通の人”の最適解！

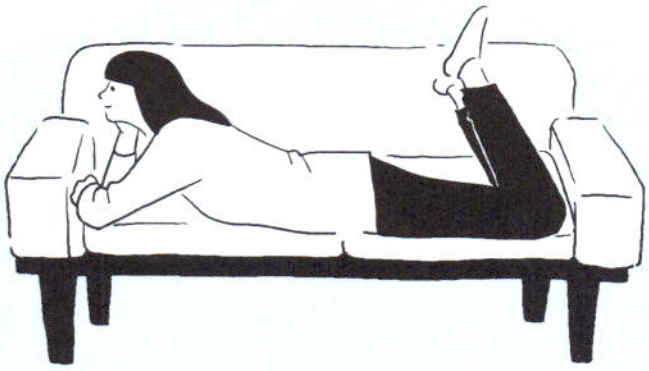

逆算 ほったらかし新NISA投資術

マネー系YouTuber
ぱすたお

SE
SHOEISHA

はじめに

巷の「新NISA情報」に抱いた違和感

「今さら新NISA本なんて、もう遅いよ」

本書の執筆を検討していた時、周囲からはこう言われました。確かに、書店に足を運べば「新NISA」関連の書籍がずらりと並んでおり、私自身もその意見に頷く部分はありました。

「今からでも新たに価値ある情報を読者の方に提供できるのか?」と何度も自問自答しました。

しかし、**それでもなお本書を執筆しようと決意したのは、巷にあふれる新NISA情報にある種の「違和感」を覚えたから**です。

そして、この「違和感」こそが、本書を執筆する決め手となりました。

私が抱いた違和感は、大きく次の3つに集約されます。

違和感① 投資初心者が取るべき行動がわかりづらい

新NISAについて一度でも調べたことがある人なら、まず初めにその情報量の多さに圧倒されたのではないでしょうか。

そして、きっとこう思ったはずです。

「一体、どの情報が正しいの?」

まず、基本的にはどの書籍やWeb記事、動画で発信されている情報も内容自体に間違いはありません。

しかし、一方で、次のような疑問を感じた人もいるでしょう。

- **具体的な活用方法などの情報が少ない**
- **最適な活用方法として紹介されている情報が発信者によって異なる**
- **その結果、結局何を選択すれば良いのかわからない**

このような疑問を持つことは、決して不思議なことではありません。なぜなら、**情報発信をしている人たちは、それぞれ異なる「立場」や「意図」を持っている**からです。

例えば、積極的に売買をして手数料収入を得たい証券会社は個別株投資を勧め、リスクの高い投資で視聴者を惹きつけたいYouTuberは、ハイリスク・ハイリターンの商品を推奨するでしょう。

もちろん、彼らも仕事として情報発信をしているので、その行為自体を否定するつもりはありません。

しかし、問題なのは、**新NISAに関する情報が増えれば増えるほど、本当に初心者にとって必要な情報が埋もれていってしまう**ことです。

「全世界株式やS&P500の積立投資だけじゃダメ！　もっとリターンを狙うべき！」

「新NISAで資産を爆発的に増やすなら○○株一択！」

新NISA制度が始まってからというもの、このような刺激的な情報が注目を集めるようになりました。なぜなら、今さら当たり前のことを発信しても、誰も興味を持ってくれないからです。

そのため、他の発信者と差別化を図り、より多くの人の目に留まるようにと過激な発言をしたり、一般的に推奨されている投資手法を否定したりする人があとを絶ちません。

もちろん、投資の世界に絶対の正解はありませんし、さまざまな投資手法が存在するのも事実です。

ある程度の知識や経験を持つ投資家にとっては、新しい発見があるかもしれません。

しかし、このような情報が氾濫することで、投資初心者にとって本当に最適な情報が埋もれてしまうことは、大変残念なことです。

その結果、「新NISAってなんだか難しそう……」「失敗したらどうしよう……」と不安に感じてしまい、二の足を踏んでしまう人も多いのではないでしょうか。

皮肉なことに、情報量の多さが初心者に迷いを生み出しているように感じます。

はっきり言いますが、**9割以上の普通の人にとって、新NISAの最適な活用方法はすでに決まっています。**

本当に必要なことは、それをどのように自分自身の人生に最適化していくか、ということです。その具体的な方法については、本書の2章以降で詳しく解説しているので、ぜひ参考にしてください。

違和感②　「新NISAの始め方」にフォーカスされすぎ

2つ目の違和感は、世間にあふれる新NISA関連の情報が、「新NISAの始め方」という、入り口の部分に偏りすぎている点です。もちろん、制度の仕組みや注意点などを正しく理解することは重要です。

しかし、それだけを知っていても本当の意味で新NISAを活用することはできません。もっと俯瞰的な視点、つまり「新NISAをどのように活用すれば、自分の人生にとってプラスになるのか」という視点を持つことが重要だと考えています。

具体的には、次のような視点です。

- **あなたは、そもそも何のために資産形成を行うのか？**
- **そのために、新NISAをどのように活用すべきなのか？**
- **新NISAで積み立てた資産を最終的にどのように使うのか？（＝出口戦略）**

新NISAは確かにこれまで以上に投資のハードルを下げ、資産形成を後押ししてくれる画期的な制度です。しかし、あくまで制度は制度であり、それを利用することが目的になってしまってはいけません。目的もなく無理して慌てて始める必要もなければ、全ての人が利用すべきものでもありません。場合によっては、この本を読み進める中で、「自分には新NISAは必要ない」という結論に至る方もいるかもしれません。

そして、資産形成の目的や期間を明確にすることで、自然と新NISAの活用方法も見えてきます。

「新NISAの非課税枠を最大限に活用しよう」「少しでも早く投資を始めよう」といった情報に惑わされ、自分のペースを乱す必要はありません。大切なのは、自分自身の資産形成計画に基づいて、新NISAを上手に活用していくことです。

「新NISAの始め方」という枝葉ではなく、「資産形成」というより大きな視点で、新NISAを捉え直してみることが重要なのです。

違和感③　難しいことを言いすぎ

「日本株に●%、米国株に●%、インド株に●%、さらに債券も組み合わせることで

リスク分散効果が期待できます！」

「年齢に応じて、株式と債券の比率を適宜見直すことが重要です！」

「投資をする際には、PERやPBRといった指標も参考にしましょう！　ちなみにPERとは……」

投資のプロや普段から経済ニュースをチェックしている人であれば、このような情報も理解できるかもしれません。しかし、新NISAを利用する人のほとんどは、「投資ははじめて」「難しそうなことはよくわからない」という〝普通の人〟です。仕事や家事、育児に忙しい毎日の中で、投資のことばかり考えている時間なんてありませんよね。

だからこそ、多くの人は、

「100点満点の完璧な投資方法じゃなくてもいいから、簡単でシンプルですぐに始められる方法を知りたい！」

そう思っているのではないでしょうか。毎日チャートに張り付いて売買のタイミングを見計らったり、複雑な金融商品を駆使して投資したりできるのは投資のプロだけで、一般人には不可能です。

私自身も投資のプロではありませんし、専門知識をひけらかすつもりもありません。

むしろ、投資初心者の方々と同じ目線に立ち、「どうすればもっとわかりやすく、簡単に資産形成を始められるのか」を常に考えながら、本書を執筆しました。

本書は、将来プロの投資家を目指す人のための本ではありません。新NISAという制度を賢く活用することで、自分の人生をより豊かにすることを目的とした本です。

そのため、難しい専門用語や複雑な金融理論はできるだけ省き、必要最低限の知識だけに絞って解説しています。

【結論】〝普通の人〟に最適な新NISA活用術

「前置きはいいから、結局新NISAはどう使えばいいのか教えてよ!」

そんなせっかちな方のために、まずは本書の結論からお話しします。

このあと詳しく解説していきますが、お伝えしたい重要なポイントは全て次のページの図に詰まっています。

そして、私が考える〝普通の人〟に最適な新NISA活用術は、次の3ステップです。

【結論】〝普通の人〟に最適な新NISA活用術

証券会社	楽天証券	SBI証券
投資枠	つみたて投資枠、成長投資枠ともに投資信託（分配金なし）を購入	
商品	eMAXIS Slim 全世界株式（オール・カントリー） 楽天・オールカントリー株式インデックス・ファンド（※楽天のみ）	
投資金額	資産形成の目的・期限から逆算した金額	
購入方法	～月15万円： クレカ+楽天キャッシュ 月15万円～：現金	～月10万円： クレジットカード 月10万円～：現金
出口戦略	①お金が必要になったら必要な分だけ売却 ②定期売却（定額、定率、期間指定）	
定期売却	①定額売却 ②定率売却 ③期間指定	①定額売却 現状はNISA口座未対応 2025年以降に対応予定

新NISAのおすすめ投資信託

【全世界株】

証券会社	ファンド名	信託報酬	総経費率	投信残高P	実質コスト	つみたて投資枠	成長投資枠
楽天	楽天・オールカントリー株式インデックス・ファンド	0.0561%	0.1%	0.017%	0.083%	○	○
	eMAXIS Slim 全世界株式（オール・カントリー）	0.05775%	0.11%	0.0%	0.11%	○	○
SBI	eMAXIS Slim 全世界株式（オール・カントリー）	0.05775%	0.11%	0.0175%	0.093%	○	○

【S&P500】

証券会社	ファンド名	信託報酬	総経費率	投信残高P	実質コスト	つみたて投資枠	成長投資枠
楽天	楽天・S&P500インデックス・ファンド	0.077%	0.1%	0.028%	0.072%	○	○
SBI	eMAXIS Slim 米国株式（S&P500）	0.09372%	0.1%	0.0326%	0.067%	○	○

STEP1 つみたて投資枠・成長投資枠ともに投資信託（分配金なし）を購入する

資産運用の基本は「長期・分散・低コスト」です。新NISAは、**長期投資で威力を発揮する制度**ですので、世界中の株式に広く分散投資できる、低コストな投資信託を選びましょう。こだわりや制限がなければ、新NISAは「楽天証券」か「SBI証券」などのネット証券を利用しましょう。おすすめ投資信託は上の図の通りです。

投資金額の詳しい考え方は後述しますが、今ある余剰資金を全て突っ込むのではなく、あなたの資産形成の目的や期間から逆算して決めましょう。

「新NISAの非課税枠はできるだけ早く満額使うべき!」といった情報に惑わされず、**「今」の生活も「将来」の生活も大切にできる、無理のない金額を設定することが重要**です。

また、最近では投資信託の購入をクレジットカードや電子マネーなどのキャッシュレス決済で行えるようになっています。資産形成をしつつポイントも貯められて一石二鳥ですので、ぜひ活用してみましょう。

STEP2 目標資産額に到達するまで、淡々と積立投資を続ける

投資信託を購入したら、あとは特別なことは何もせず、「ほったらかし」でOKです。

新NISAで効率的に資産形成を行うには、相場の上昇・下落に一喜一憂せず、淡々と積立投資を続けることが重要だからです。

逆に、あれこれと手を出しすぎる方がリターンを下げてしまう可能性がありますので注意が必要です。ここでのキーワードは「ほったらかし」。投資において簡単なようで意外と難しいこの「ほったらかす」を忘れないようにしましょう。

STEP3 目標額に到達したら「必要な時に必要なだけ売却」または「定期売却サービスを利用する」

従来のＮＩＳＡ制度と比べて、新ＮＩＳＡの出口戦略は非常にシンプルです。
大きく分けて、以下の２つの方法があります。

- **必要な時に必要なだけ売却する**
- **投資信託の定期売却サービスを利用する**

投資信託の定期売却サービスは、現時点では提供している金融機関が限られていますが、人気の楽天証券やＳＢＩ証券では対応済みです。ただし、ＳＢＩ証券の場合、現状だと定期売却を設定できるのは「特定口座」など通常の口座のみで、ＮＩＳＡ口座は未対応です。ＮＩＳＡ口座対応は２０２５年以降を予定しているため、現時点では楽天証券の方が出口戦略まで含めて充実しています。

以上が、〝普通の人〟のための新ＮＩＳＡ活用術です。

非常にシンプルで、投資初心者の方でも簡単に始められそうだと感じていただけたのではないでしょうか？

新ＮＩＳＡを最大限に活用するためにはこの結論で述べたことだけ実行すればＯＫです。

本書では、このあとの各章で「なぜこのようなシンプルな方法がおすすめなのか」という理由をわかりやすく解説していきます。また、各ステップについて、より詳しく知りたいという方のために、具体的な方法や注意点などもあわせて解説していきます。

本書は〝普通の人〟のための新ＮＩＳＡ本

改めまして、著者の「ぱすたお」と申します。

普段はYouTubeやＳＮＳで、〝普通の人〟でも無理なく実践できる資産形成術やお金の情報を発信している「マネー系YouTuber」です。おかげさまで、現在では８万人以上の方にチャンネル登録をしていただいています。簡単に自己紹介をさせてください。

・ロックな妻と可愛い娘と暮らす30代男性

- **夫婦で資産形成に取り組み、1億円以上の資産と副収入を築く**
- **現在はセミリタイアして、家事・育児・趣味を満喫する日々を送っている**
- **趣味：卓球、野球、読書、ランチ開拓**
- **好きな卓球選手：水谷隼、上田仁、ティモ・ボル**
- **好きな球団：横浜DeNAベイスターズ**

誤解のないようにお伝えしておきたいのですが、私は「お金の専門家」ではありません。銀行員として勤務した経験があり、FPなどの金融系の資格も取得していますが、その後はメーカーに転職し、金融とは全く関係のない仕事をしていました。ごく普通の会社員として働きながら資産形成に取り組んできた、皆さんと同じ〝普通の人〟です。

2014年に個別株の短期売買で投資デビューして以来、さまざまな投資に挑戦しては失敗を重ねてきました。恥ずかしながら、**個人投資家が陥りがちな失敗は、ひと通り経験した**自信があります。そんな試行錯誤の道のりの中で、最終的にたどり着いたのが、現在の投資信託を中心としたインデックス投資です。

遠回りもしましたが、〝普通の人〟である自分に最適な投資方法を見つけることができ、結果として1億円を超える資産を築くことができました。

この経験を通して皆さんに伝えたいことがあります。それは**「特別な才能や知識がなくても堅実な投資を続けることで、誰でも大きな資産を築くことができる」**ということです。

本書がお役に立てるのは、こんな人

本書では、私たちのような〝普通の人〟でも、新NISAをできるだけ簡単に、そして効率的に活用するための方法と考え方を解説します。

特に、以下のような悩みをお持ちの方には、きっとお役に立てるはずです。

- **投資経験はないけれど、貯金だけでは不安なので何か始めたいと思っている**
- **新NISAに興味はあるけれど、何から始めればいいのかわからない**
- **投資の勉強や資産管理に時間をかけたくない**
- **新NISAを始めたものの、どんな商品を選べばいいのか迷っている**
- **新NISAや投資に関する情報収集に時間を取られすぎて困っている**

あなたがこの項目に1つでも当てはまるなら、本書の内容はきっと役に立つでしょう。

本書の使い方

最後に本書を最大限に活用していただくために、本書の使い方をご紹介します。

☑投資初心者の方

1章から順番に読み進めることをおすすめします。新NISAの基本や資産形成の考え方について、丁寧に解説しているので、スムーズに理解を深められるはずです。

☑資産形成や新NISAについて、ある程度知識がある方

1章は飛ばして2章から読み始めても問題ありません。2章から具体的な投資戦略や銘柄選定、出口戦略などについて詳しく解説しています。

☑「とにかく時間がない！」という忙しい方

すでにお読みいただいた冒頭で紹介した「結論」だけでも構いません。重要なポイントだけをまとめた内容になっているので、すぐにでも実践に移せるはずです。

しかし、本書では、結論で述べた投資戦略を図や具体例などを交えながらわかりやすく解説しています。さらに、なぜその方法がおすすめなのか、その根拠や背景についても詳しく説明しています。新ＮＩＳＡで成功するために高度な投資の知識は必要ありません。**私たちのような〝普通の人〟にとって本当に難しいのは、日々変化する経済状況や溢れかえる投資情報に惑わされずに、最初に決めた投資方針を貫き通すこと**です。

この本で大切なのは、「投資の握力」、つまり、どんな状況でも信念を持って、自分の投資方針を貫き通す力を身につけることです。そのためには、投資戦略の背景や根拠となる知識を身につけることが重要だと考えています。

どうか「結論がわかったからもういいや！」と思わずに、最後までお付き合いいただけると嬉しいです。

目次

1章

これだけは知っておきたい！新NISAの基礎の基礎

2章

「逆算ほったらかし」新NISA投資術 STEP1

つみたて投資枠・成長投資枠ともに投資信託（分配金なし）を購入

3章

「逆算ほったらかし」新NISA投資術 STEP2

目標資産額に到達するまで運用を続ける

4章

「逆算ほったらかし」新NISA投資術 STEP3

目標資産が貯まったら「必要な分だけ売却」or「定期売却」

5章 "今"も"将来"も豊かに暮らすための年代別ケーススタディ

6章 9割の"普通の人"が投資を一生続けるための心得

（注）本書は株式投資をする際に参考となる情報提供を目的としております。著者の経験、調査、分析に基づき執筆したものですが、特定の銘柄の購入を推奨するもの、またはその利益を保証するものではありません。また、本書で示した意見によって生じた損害および逸失利益に対し、著者・版元はいかなる責任も負いません。投資に関する最終決定は必ずご自身のご判断でお願いいたします。

本書内容に関するお問い合わせについて

このたびは翔泳社の書籍をお買い上げいただき、誠にありがとうございます。弊社では、読者の皆様からのお問い合わせに適切に対応させていただくため、以下のガイドラインへのご協力をお願い致しております。下記項目をお読みいただき、手順に従ってお問い合わせください。

●ご質問される前に

弊社Webサイトの「正誤表」をご参照ください。これまでに判明した正誤や追加情報を掲載しています。

正誤表　https://www.shoeisha.co.jp/book/errata/

●ご質問方法

弊社Webサイトの「書籍に関するお問い合わせ」をご利用ください。

書籍に関するお問い合わせ　https://www.shoeisha.co.jp/book/qa/

インターネットをご利用でない場合は、FAXまたは郵便にて、下記“翔泳社 愛読者サービスセンター”までお問い合わせください。

電話でのご質問は、お受けしておりません。

●回答について

回答は、ご質問いただいた手段によってご返事申し上げます。ご質問の内容によっては、回答に数日ないしはそれ以上の期間を要する場合があります。

●ご質問に際してのご注意

本書の対象を超えるもの、記述個所を特定されないもの、また読者固有の環境に起因するご質問等にはお答えできませんので、予めご了承ください。

●郵便物送付先およびFAX番号

送付先住所	〒160-0006　東京都新宿区舟町５
FAX番号	03-5362-3818
宛先	（株）翔泳社 愛読者サービスセンター

※本書の内容は2024年11月15日現在の情報に基づいています。

※本書に記載されたURL等は予告なく変更される場合があります。

※本書の出版にあたっては正確な記述につとめましたが、著者や出版社などのいずれも、本書の内容に対してなんらかの保証をするものではなく、内容やサンプルに基づくいかなる運用結果に関してもいっさいの責任を負いません。

※本書に記載されている会社名、製品名はそれぞれ各社の商標および登録商標です。

1章

これだけは知っておきたい！
新NISAの基礎の基礎

そもそも何のために資産形成をするのか？

新NISAを始める前に、まず考えてほしいことがあります。

それは、「あなたは、何のために資産形成をするのか？」という、あなたの資産形成の目的です。

「新NISAはすごくお得な制度だから、絶対に使わないと損だよ！」

そんな意見を耳にすることもあるかもしれません。確かに、新NISAは私たちにとって非常に有効な制度です。

しかし、だからと言って、全ての人が利用すべきかというと、そうではありません。

新NISAはあくまで、資産形成を実現するための手段の一つ。あなた自身の目的や状況をしっかりと見極めた上で、本当に必要だと感じれば利用すればいいですし、そうでなければ無理に利用する必要はありません。

投資経験のない両親の話

「資産形成の目的と言われても具体的に何をイメージすればいいのかわからない……」

そう感じる方もいるかもしれません。そこで、私の両親を例に、資産形成の目的について考えてみたいと思います。

私の両親は地方都市に住んでおり、帰省した際に投資や新ＮＩＳＡの話になったことがありました。しかし、私は両親には投資を勧めませんでした。

なぜなら、私の両親は以下のようなタイプだったからです。

- **年齢は60代で投資経験は一切なし**
- **2人とも定年まで勤め上げた、まさに典型的な会社員**
- **投資や転職、副業などとは無縁の、安定志向の強い性格**
- **リスク許容度はかなり低く、金融知識もほとんどない**

誤解のないように言っておきますが、両親の人間性は本当に素晴らしく、尊敬できる部分がたくさんあります。ただ、これまでの人生でお金について深く考える機会がなかったため、金融リテラシーが低い状態になってしまっているのです。

そのため、私は投資を勧める代わりに、「銀行や郵便局で、少しでも怪しい投資商品の勧誘を受けたら、必ず私に相談すること」とだけ伝えました。

投資を必要としない人もいる

私の両親は、老後生活を貯金と年金でやりくりしています。決して裕福とは言えないまでも、旅行に行ったり、孫に会いに行ったりと、ある程度のゆとりを持った生活を送っています。両親が暮らしているのは、地方都市の中でも田舎の方なので、自給自足の生活も珍しくありません。自家製の野菜やお米にスーパーで買った肉や魚を加えれば、栄養バランスの取れた食事が簡単にできます。

そんな両親に対して、「新NISAを使えばもっとお金が増えて豊かになれるよ!」と、投資を勧める気にはなりませんでした。

両親はすでにお金で困ることなく、自分たちなりに工夫しながら充実した日々を過ごしています。新たに投資という選択肢を与えて、余計な心配やストレスをかける必要はないでしょう。もちろん、もしも両親が投資に興味を示し、「やってみたい」と言ってきたら、私も精一杯サポートするつもりです。

しかし、無理に投資を勧めるつもりは全くありません。繰り返しになりますが、**NISAはあくまで「お得に投資できる制度」に過ぎません。**投資の必要性を感じていない人や、現状に満足している人が、無理に始める必要はありません。

「お得な制度だから」という理由だけで、焦って始めるのは禁物です。

新NISAは、あなたがより豊かな人生を歩むための選択肢の一つとして、冷静に判断するようにしましょう。

この点を踏まえた上で、これ以降の説明を聞いていただければと思います。

POINT

新NISAはあくまで、資産形成を実現するための手段の一つ。投資の必要性を感じていない人が無理をしてまでやる必要はない

知らないと何も始まらない「新NISAの基本」

それでは、いよいよ本題に入ります。まずは、新NISAがどんな制度なのか、簡単に説明していきます。

NISAは投資で得た利益が非課税になるお得な制度

「NISA」は、2014年1月にスタートした、少額からの投資を後押しするための非課税制度です。通常、株式や投資信託で利益が出ると、約20%の税金がかかります。

しかし、**NISA口座で投資をすると、一定の条件を満たせば、これらの利益が非課税になるという、とてもお得な制度**です。

ちなみに、「NISA」は「Nippon Individual Savings Account（日本版個人貯蓄口座）」の頭文字を取った言葉です。

そもそもNISAってなに？～非課税の効果～

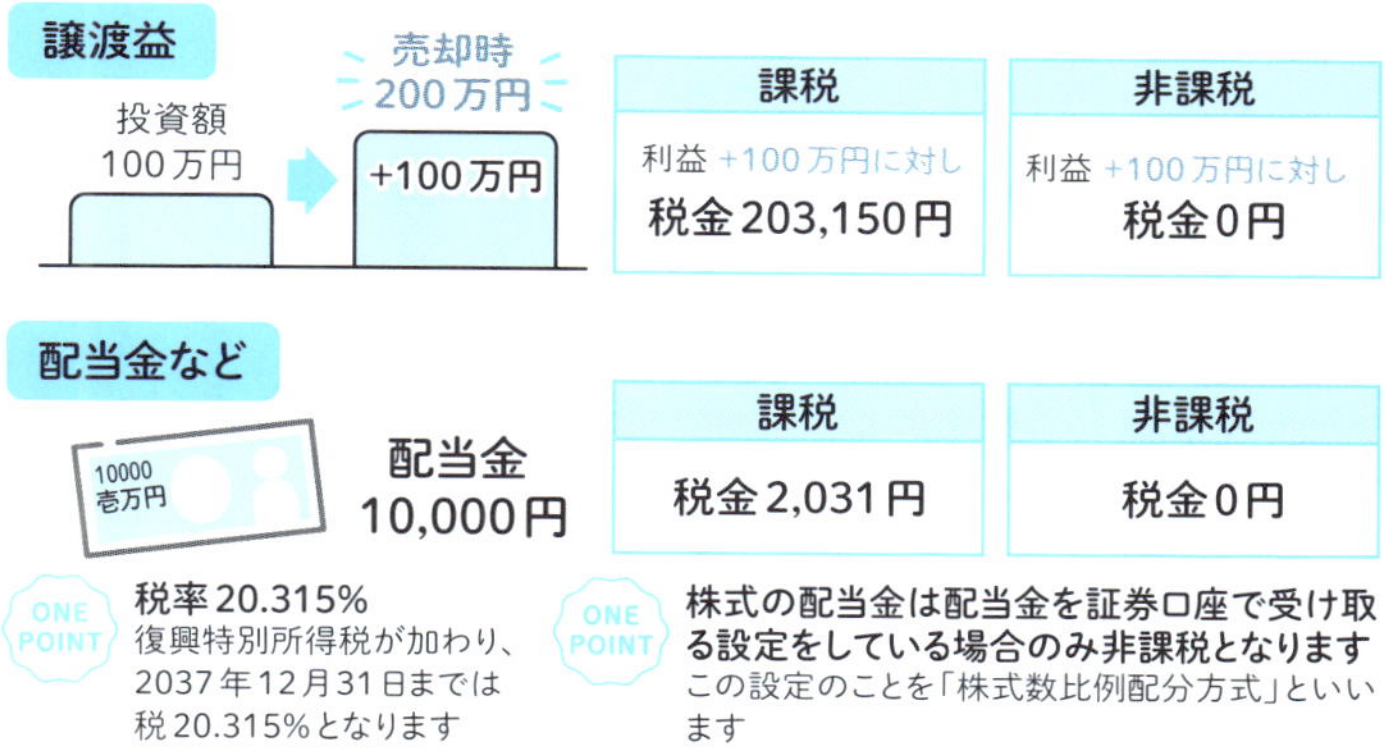

出典：Fin WIng「NISAについて知っておきたい5つのこと　Part1」

元々はイギリスで始まった「ISA（Individual Savings Account＝個人貯蓄口座）」という制度をモデルに、日本版として誕生しました。

「Japan」ではなく「Nippon」が使われているのはユニークですよね。「JISA（ジャイサ？）」よりも「NISA（ニーサ）」の方が、語呂が良くて親しみやすいからでしょうか？

本当のところはわかりませんが、由来が気になりますね。

NISA制度の変遷

2024年以降に投資を始めた方はご存

知ないかもしれませんが、実は、現在私たちが利用できるＮＩＳＡ制度に至るまで、いくつかの種類のＮＩＳＡが存在しました。

「**一般ＮＩＳＡ**（２０１４年１月〜）」「**ジュニアＮＩＳＡ**（２０１６年４月〜）」「**つみたてＮＩＳＡ**（２０１８年１月〜）」といった形です。**これらの制度は、いずれも２０２３年末で新規の投資ができなくなっています。**そのため、過去の内容を詳しく知る必要はありません。ここで重要なのは、「ＮＩＳＡは時代に合わせて変化し続ける制度である」という点です。２０２４年から始まった新ＮＩＳＡも今後数年後には内容が変わる可能性は十分に考えられます（この本が出版されるタイミングで制度内容が変わっていないことを祈るばかりです！）。

POINT

ＮＩＳＡは時代に合わせて変化し続ける制度。現行の新ＮＩＳＡも変更される可能性がある

新NISAを使うとどのくらいお得なの？

さて、NISA口座で投資をすると、利益が非課税になることはお伝えしました。
では、具体的にNISAを使うとどれくらいお得になるのでしょうか？

投資の利益は2種類

投資で得られる利益には、大きく分けて2つの種類があることを理解しておきましょう。

利益①　キャピタルゲイン（売却益）

キャピタルゲインとは購入した資産を売却して得られる利益のこと。例えば、1株1000円の株式を100株購入し、その後、価格が上昇したタイミングで1株1500円で売却した場合、売却益として5万円の利益が発生します。これがキャピタルゲインです。

キャピタルゲイン=資産の売却

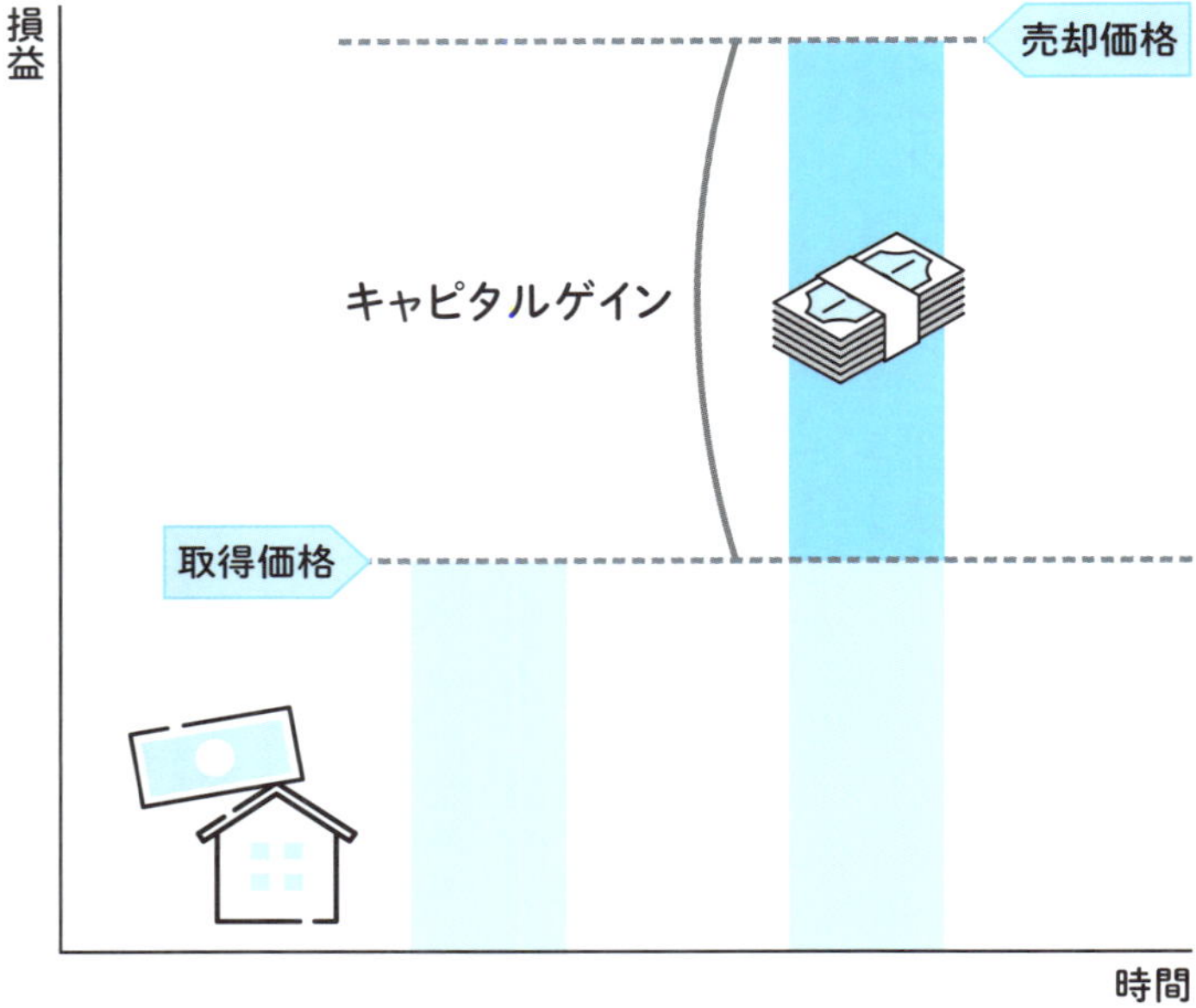

利益②　インカムゲイン（配当金・分配金）

インカムゲインとは、資産を保有している間に定期的に受け取れる収益のこと。

例えば、株式投資の場合、企業の業績に応じて株主に対して配当金が支払われることがあります。

また、投資信託の中には、保有しているだけで分配金が支払われる商品も存在します。

このように、資産を保有し続けることで得られる収入がインカムゲインです。

そして、通常これらの利益に対しては約20％の税金がかかります。

例えば、5万円の利益に対しては約1万円の税金が発生し、手元に残るのは4万円になってしまいます。

インカムゲイン＝資産の運用益

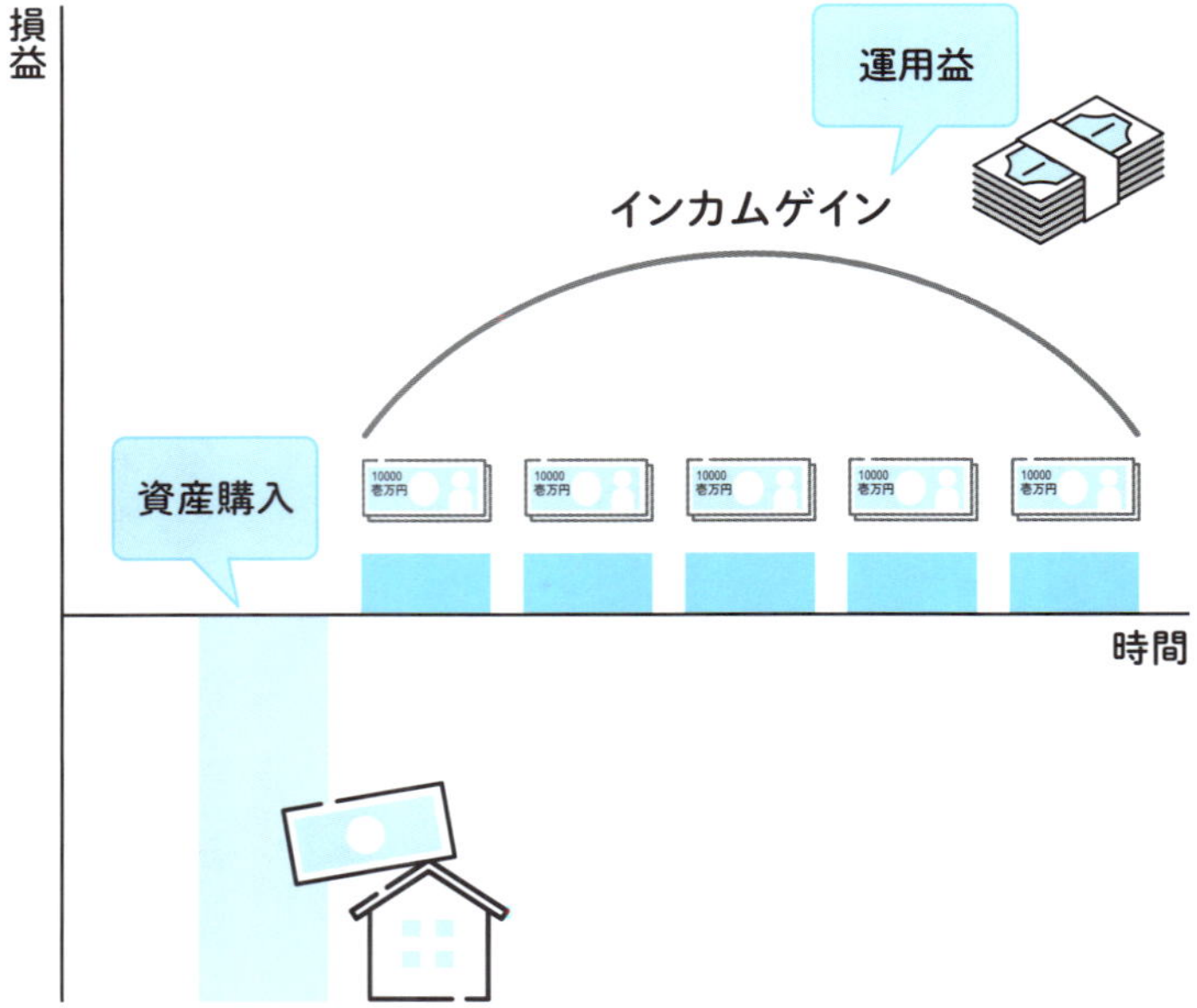

NISAで「1000万円投資」した場合の差

それでは、実際にNISAを使うとどれくらいお得になるのか、具体的な例を見ていきましょう。

例えば、あなたが1000万円を投資し、50%値上がりしたとします。すると、1500万円になり、利益は500万円になりますね。

通常であれば、この500万円の利益に対して約20%、つまり100万円の税金がかかってしまいます。そのため、実際にあなたが受け取れるのは400万円になります。

しかし、**NISA口座で投資を行えば、この100万円の税金はかかりません！**

つまり、500万円の利益がまるまるあなたのものになるのです。

「え、そんなに違うの……？」

さらに、**長期投資の場合、複利効果によって利益が雪だるま式に膨らんでいきます。**NISAを利用することで、この複利効果を最大限に活かすことができ、長期間運用すればするほど、その恩恵は大きくなっていきます。

将来的に税率が上がれば、お得度はさらにアップ！

実は、ＮＩＳＡのメリットは将来的にもっと大きくなる可能性があります。

現在、株式や投資信託の利益にかかる税率は約20％です。しかし、近年では、この税率を見直すべきだという議論が活発化しています。もし実際に投資の税率が引き上げられれば、ＮＩＳＡを利用するメリットはさらに大きくなります。

先ほどの例で、５００万円の利益が出たケースで考えてみましょう。ＮＩＳＡ口座を使わずに投資した場合、税率が25％なら１２５万円、税率が30％なら１５０万円もの税金がかかってしまうことになります。税率が現在の20％になったのは２０１４年、つまり、一般ＮＩＳＡが始まった時期と重なっています。

今回の新ＮＩＳＡ導入を機に、再び金融所得課税が強化される可能性もゼロではありません。

これから投資を始めるにあたって、ＮＩＳＡ口座を活用することは、もはや必須と言えるのではないでしょうか。

投資の収益に対する税の影響は大きい

①運用益500万円への課税が20%なら（現行）

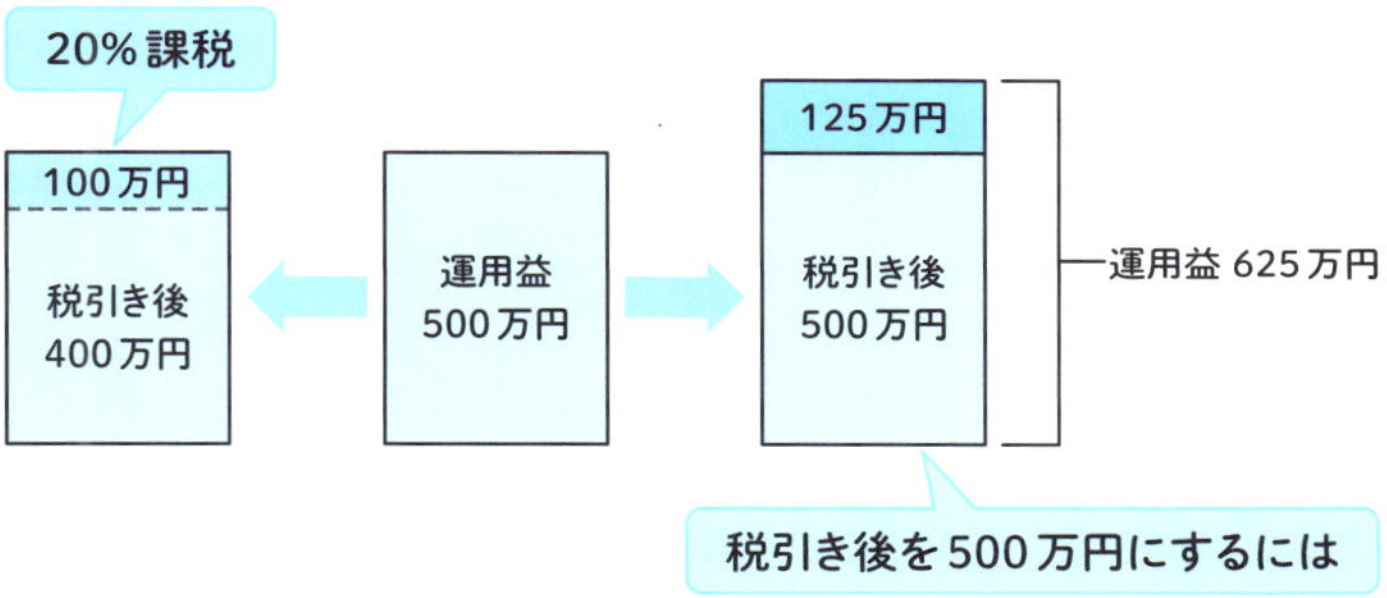

②運用益500万円への課税が30%になったら……

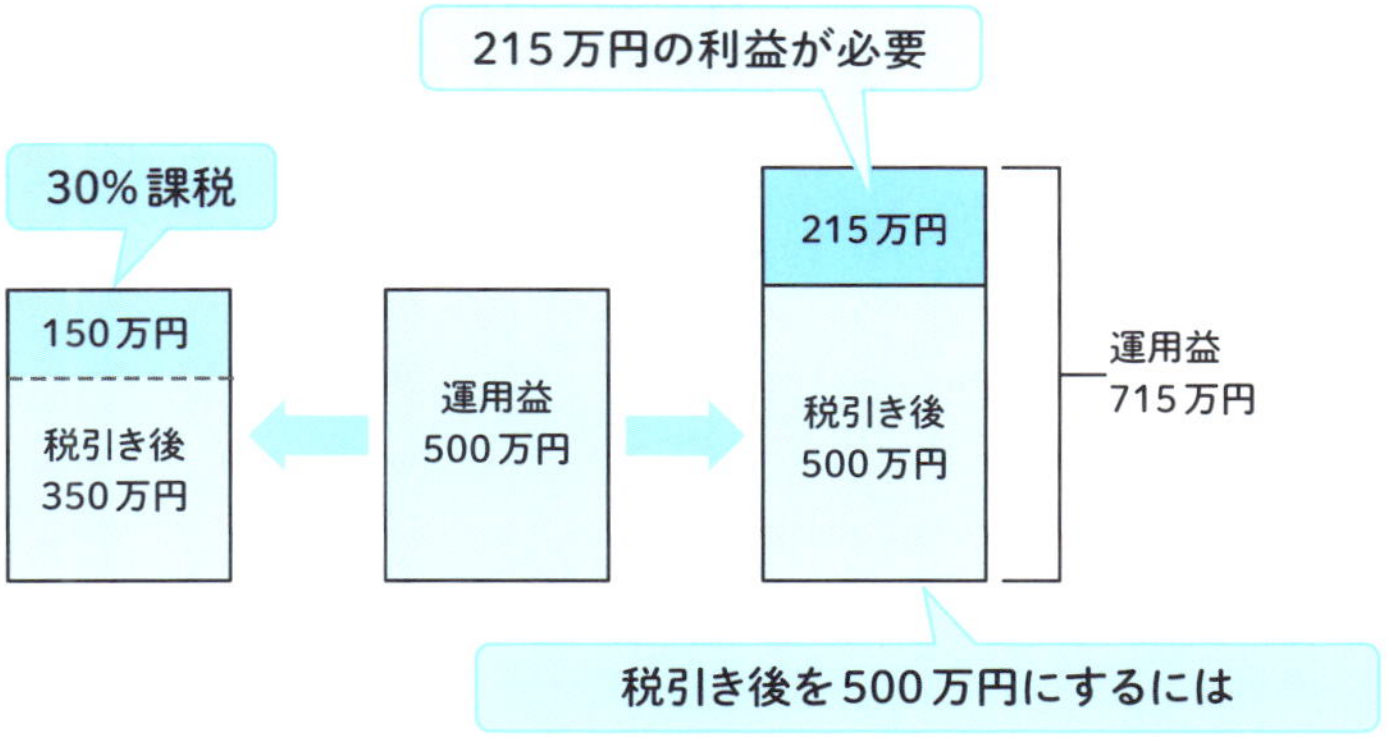

（注）課税口座（特定口座、一般口座）で運用。復興特別所得税は考慮しない

投資する前に知っておくべき「新NISA」4つの注目ポイント

ここからは、「新NISA」のポイントについて、従来のNISAと比べて何が変わったのか、新NISAにはどんなメリットがあるのかを順番に見ていきましょう。

ポイント① 投資期間も非課税期間も無制限に！

新NISAの大きな特徴の一つが、制度の恒久化と非課税期間の無期限化です。「**恒久化**」とは、簡単に言うと「制度がずっと続く」ということです。従来のNISAには、以下のように投資できる期間が定められていました。

- **一般NISA**：2014年1月～2023年
- **つみたてNISA**：2018年1月～2023年

しかし、**新NISAでは、このような期間の制限がなくなり、原則としてずっと使い続けられる**ようになりました。

また、従来のNISAでは、非課税で運用できる期間にも制限がありました。

- **一般NISA**：最長5年
- **つみたてNISA**：最長20年

しかし、新NISAでは、この非課税期間も「**無期限**」になりました。つまり、**一度購入した金融商品は、期限を気にすることなく、生涯にわたって非課税で保有し続けることができます**。このように、新NISAは制度の恒久化と非課税期間の無期限化によって、従来のNISAと比べて、格段に使い勝手が向上したと言えるでしょう。

ポイント② 年間360万円まで投資可能に！

新NISAは、「つみたて投資枠」と「成長投資枠」という、2つの投資枠で構成されています。

・**つみたて投資枠**：従来の「つみたてNISA」に似た枠組み
・**成長投資枠**：従来の「一般NISA」に似た枠組み

従来のNISA制度では、「つみたてNISA」と「一般NISA」のどちらか一方しか選べませんでした。しかし、**新NISAでは、両方の投資枠を同時に利用できるようになりました**。それぞれの特徴を簡単にまとめると、次のページのようになります。

つみたて投資枠、成長投資枠ともに、年間投資上限額の範囲内であれば、どちらか一方だけを利用することも可能です。ただし、注意が必要なのは、**成長投資枠を利用する場合には、非課税で保有できる金額の上限に制限がある**点です（この点については、後ほど詳しく解説します）。

まずは、**新NISAでは2つの投資枠を組み合わせて、年間最大360万円まで投資できるようになった**ということを覚えておきましょう。

新NISAは2つの投資枠で構成される

	つみたて投資枠	成長投資枠
年間投資上限額	120万円	240万円
投資方法	積立投資のみ（毎月の積立額を増やすことは可能）	積立投資、スポット購入（一度に購入）どちらも可能
対象となる商品	長期・積立・分散投資に適した一定の投資信託	個別株、ETF、REIT、投資信託など幅広く選択可能（ただし、一部対象外あり）

ポイント③ 生涯で投資できる金額は1800万円まで

新NISAでは、非課税で保有できる投資額の上限が、一人あたり1800万円（うち、成長投資枠は1200万円まで）と定められています。これを「**非課税保有限度額**」といいます。

「**新NISAで購入した投資信託や株が値上がりして、1800万円を超えてしまったら、売却しないといけないの？**」

そう思った方もいるかもしれませんが、安心してください。非課税保有限度額はあくまで投資した時点の金額（簿価）で計算されます。そのため、購入した商品が値上がりしても、非課税保有限度額には影響しません。つまり、値上がりして1800万円を超えても、売却する必要は全くないのです。

また、投資枠について、こんな疑問を持つ方もいるかもしれません。

「**非課税保有限度額が全体で1800万円、成長投資枠が1200万円ということは、つみたて投資枠の上限は600万円ということ？**」

これはよくある誤解なので注意が必要です！　新NISAでは、全体の1800万円の

非課税保有限度額は1,800万円に拡大

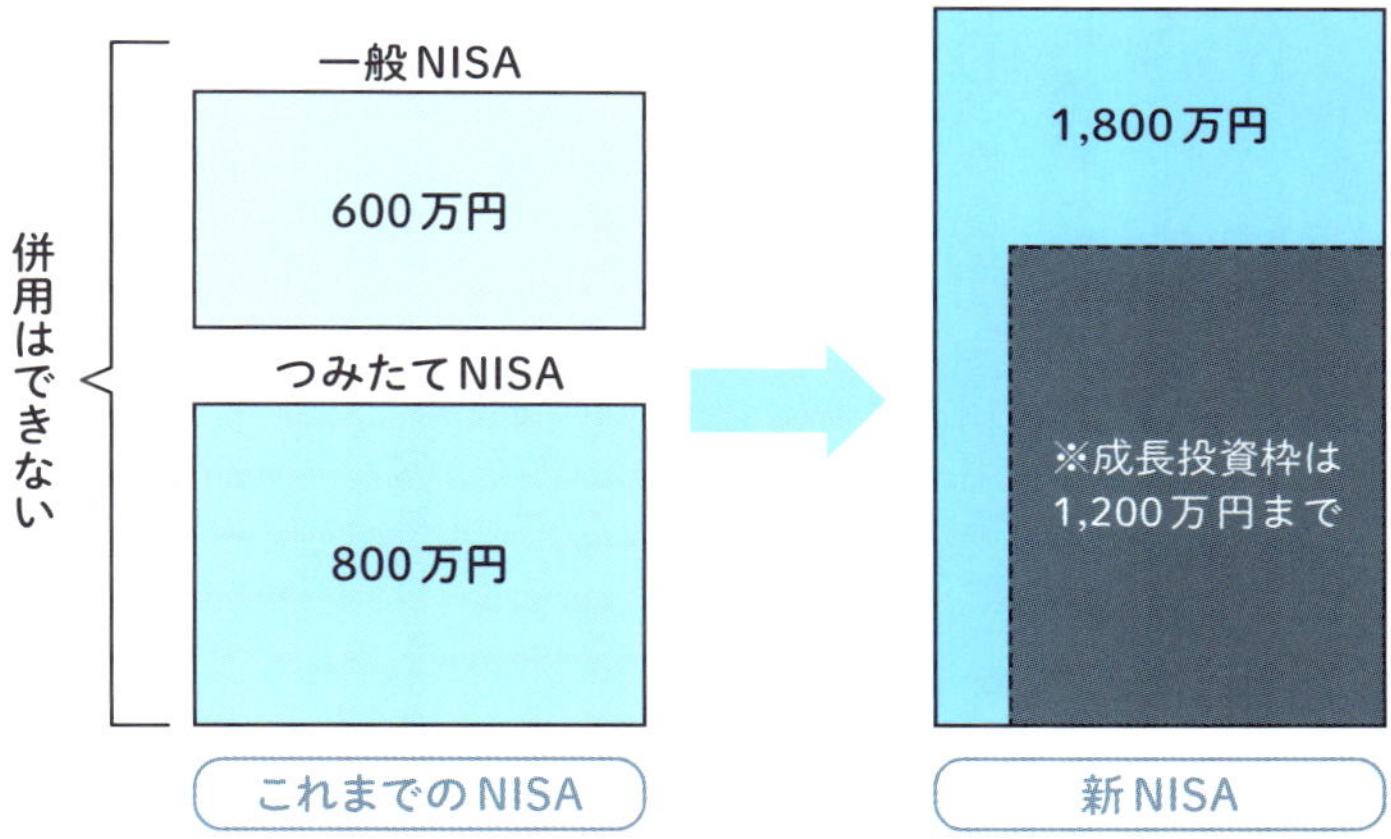

うち、**つみたて投資枠と成長投資枠の配分は、自分で決めることができます。**ただし、「成長投資枠は最大でも１２００万円まで」しか利用できない制限があります。つまり、成長投資枠だけに投資したい場合は、利用できる非課税枠は最大１２００万円までとなります。

一方で、**つみたて投資枠であれば、単独で１８００万円全てを利用することも可能です。**

新ＮＩＳＡの非課税保有限度額は、一見シンプルに見えて少し複雑な部分もあるかもしれません。特に、投資初心者の方は誤解しやすいポイントなので注意が必要です。

ポイント④　売却して空いた投資枠は再利用できる！

新NISAでは、「投資枠の再利用」が可能になりました。従来のNISAでは、一度使った投資枠は、売却しても再利用できませんでした。例えば、一般NISAで120万円投資して、その後150万円に値上がりしたタイミングで売却しても、120万円分の投資枠は復活しませんでした。

しかし、**新NISAでは、一度投資枠を使ったとしても、売却して投資枠が空けば、その分は復活して再利用できるようになった**のです。

例えば、新NISAのつみたて投資枠で120万円投資し、その後150万円に値上がりしたタイミングで売却した場合、翌年以降に120万円分の投資枠が復活します。

ただし、投資枠の再利用には、いくつかの注意点があります。まず、新NISAの投資枠は、「**簿価**（投資元本）」で管理されるという点です。

例えば、新NISA口座で累計800万円分の投資を行っている場合、非課税保有限度額1800万円のうち、800万円分が使用されている状態になります。この800万円が、その後、値上がりして1200万円になっていようと、値下がりして500万円になっていようと、新たに投資できる金額は1000万円（1800万円－800万円）となります。

また、**一度売却を行うと、その売却した分の簿価（投資元本）に相当する投資枠が、翌年以降に再利用可能**になります。先ほどの例で言うと、投資していた800万円のうち、300万円分を売却した場合、翌年には300万円分の空きができるため、その分は新規で投資を行うことが可能になります。

ただし、**1年間で復活する投資枠の上限は、つみたて投資枠120万円＋成長投資枠240万円＝360万円と定められています。**

360万円を超える金額を売却した場合、360万円を超えた分の復活は翌年以降になるため、注意が必要です。

例えば、800万円で購入した金融商品が値上がりし、1200万円になったタイミングで全て売却したとします。この場合、翌年に復活する投資枠は360万円のみとなり、残りの440万円分は、さらに翌年以降に持ち越されることになります。

稀に、「300万円分の枠が空くなら、翌年は360万円＋300万円で660万円分の投資枠ができる！」と思っている方がいますが、これは勘違いですのでご注意ください。

新NISA非課税枠活用の仕組み

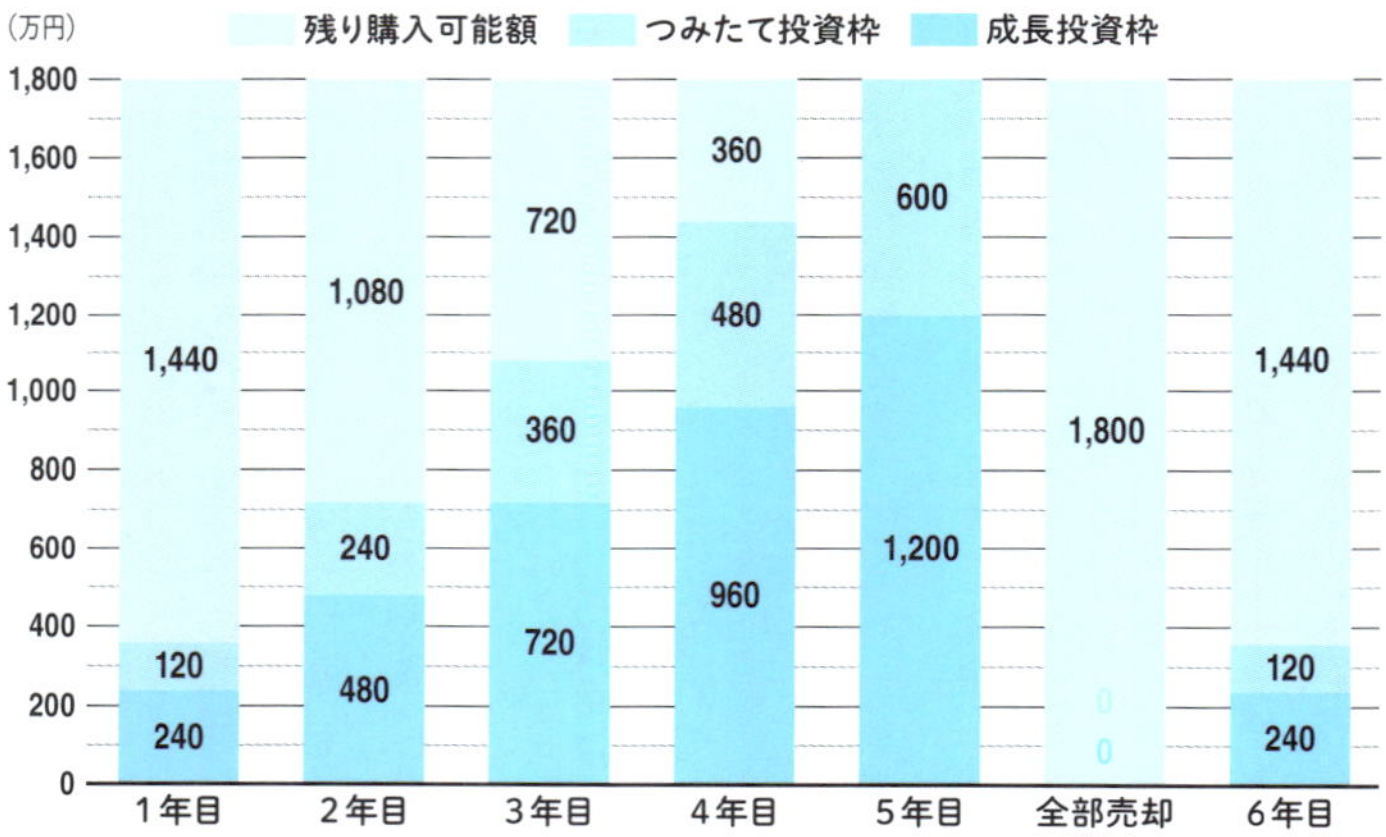

少し複雑なルールですが、投資枠の再利用が可能になったことで、新NISAは従来よりも柔軟性が高く、より利用しやすい制度になったと言えるでしょう。

まとめ

2023年までのNISAと新NISAの制度の違い

	2023年までのNISA制度（選択制） 2018年創設 つみたてNISA	2023年までのNISA制度（選択制） 2014年創設 一般NISA	新NISA制度（併用可） つみたて投資枠	新NISA制度（併用可） 成長投資枠
年間投資枠	40万円	120万円	120万円	240万円
非課税期間	20年間	5年間	無期限化	
非課税保有限度額	800万円	600万円	1,800万円（総枠） 内、成長投資枠の上限額は1,200万円 ※簿価（投資額）で管理（枠の再利用が可能）	
制度期間	2023年まで		無期限	
投資対象商品	長期の積立・分散投資に適した一定の投資信託 金融庁の基準を満たした投資信託に限定	上場株式・投資信託等	長期の積立・分散投資に適した一定の投資信託 つみたてNISA対象商品と同様	上場株式・投資信託等 ①整理・監理銘柄 ②信託期間20年未満、毎月分散型の投資信託およびデリバティブ取引を用いた一定の投資信託 を除外
対象年齢	18歳以上		18歳以上（注）	

（注）日本にお住まいで、口座開設する年の1月1日時点で満18歳以上の個人の方

落とし穴に気をつけて！「新ＮＩＳＡ」３つの注意点

ここまでお伝えした通り、新ＮＩＳＡは従来のＮＩＳＡと比べて、大幅にパワーアップしました。

しかし、そんな新ＮＩＳＡにも、いくつか注意しておきたいポイントがあります。

注意点① 新ＮＩＳＡでは「損益通算」と「繰越控除」が使えない！

新ＮＩＳＡの注意点は、**損益通算**と**繰越控除**ができないことです。

「損益通算？　繰越控除？　一体何のこと……？」

投資初心者の方には聞き慣れない言葉かもしれません。まずは、これらの用語について簡単に説明します。

【損益通算とは？】

損益通算は、複数の投資商品で得た利益と損失を合算して、税金を計算できる仕組みのことです。

例えば、A社の株で50万円の利益が出て、B社の株で30万円の損失が出たとします。この場合、損益通算を利用すれば、利益と損失を相殺して、最終的な利益を20万円に圧縮することができます。そして、税金はこの20万円に対してのみ課税されるため、本来支払うべき税金よりも少なく抑えることができます。

【繰越控除とは？】

繰越控除は、1年間の株式や投資信託の取引で発生した損失を、最長3年間繰り越して、将来の利益と相殺できる制度のことです。

例えば、2024年に投資で100万円の損失を出したとします。この場合、毎年確定申告して繰越控除を利用すれば、この100万円の損失を2025年以降に発生した利益と相殺して、税金の負担を軽減することができます。

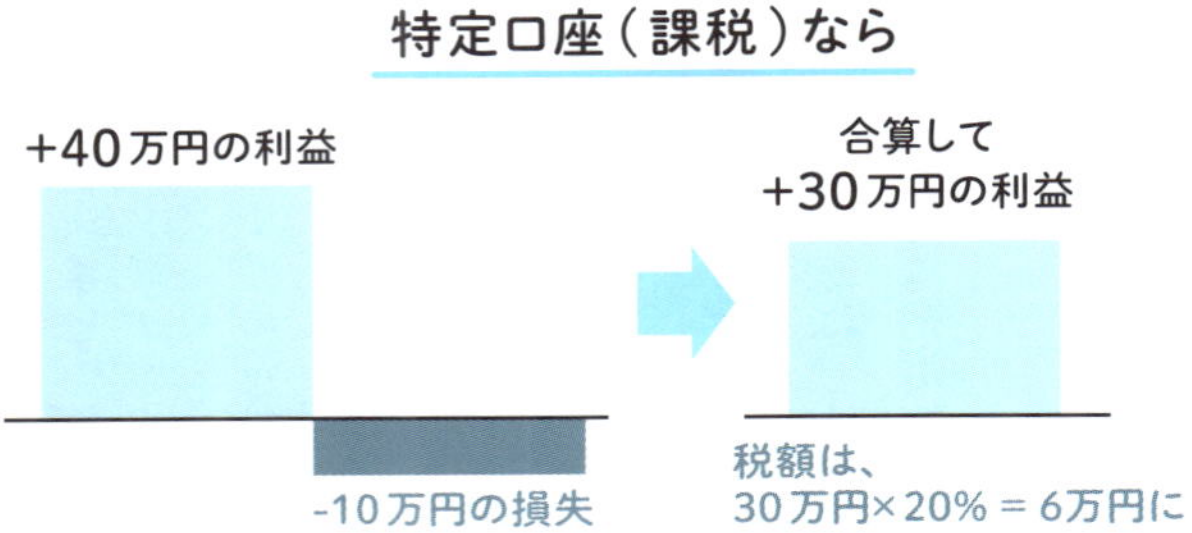

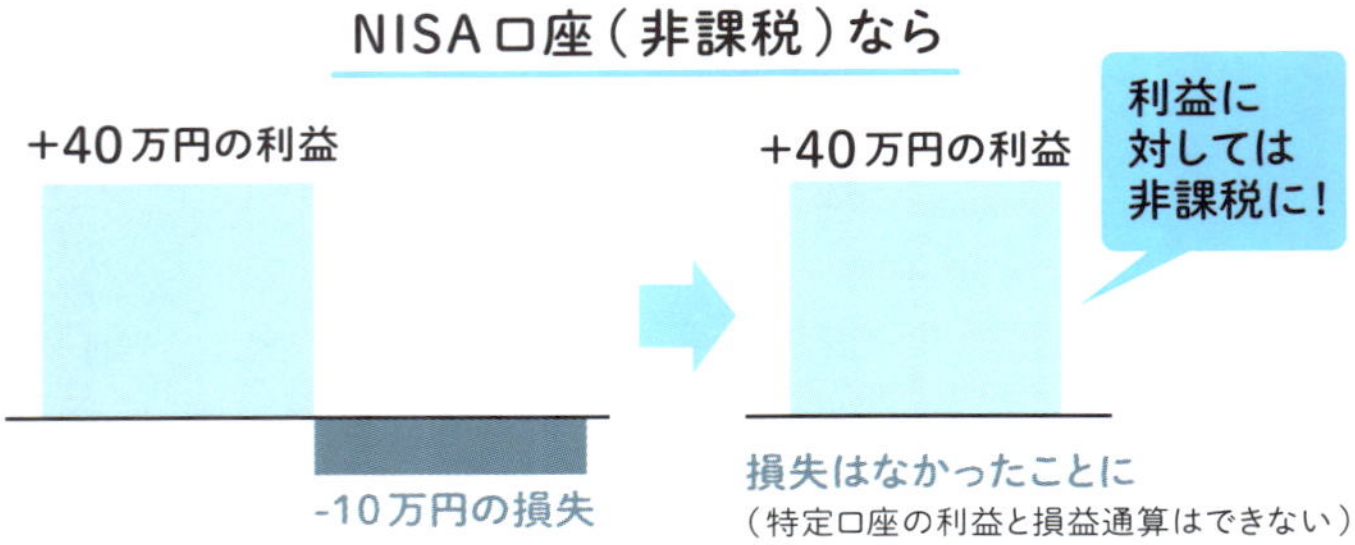

NISA口座では損益通算も繰越控除もできない！

損益通算と繰越控除は、特定口座などの「課税口座」で投資を行う場合に利用できる制度です。**一方で、NISA口座ではこれらの制度を利用することができません。**

特定口座で頻繁に売買を行う投資家は、損益通算や繰越控除を駆使して、税金を抑えながら効率的に資産運用を行っています。短期売買をメインに行いたい場合は、NISA口座ではこれらの制度を利用できないという点は、デメリットに感じるかもしれません。

新NISAで投資する上での大原則

　NISA口座では損益通算や繰越控除ができないため、できるだけ損失を出さずに運用することが重要になります。

「損をしない投資ができれば苦労しないわ！」と怒られそうですが、自分でも変なことを言っているなと思います。ただ、**商品選びに気を付ければ、NISA口座での長期投資で損失を被る可能性を抑えることができます。**

　例えば、投資信託のように、1本で数十銘柄から数千銘柄の幅広い株式や債券に分散投資できる商品であれば、一時的に含み損を抱えたとしても、長期で保有し続けることで、含み益に転換する可能性は高まります。

　一方で、個別株のように、特定の1社のみに投資する場合は、その企業の業績や市況といった個別要因に大きく左右されます。例えば、

- **創業者の社長が交代した途端に業績が悪化し、回復の兆しが見えない……**
- **事業にとって逆風となるような規制変更があり、業績が低迷し続けている……**

このような状況に陥り、株価が長期低迷してしまう可能性も否定できません。もしもNISA口座で購入した個別株で大きな損失を被っても、損益通算や繰越控除を使って損失を軽減することはできません。

税制上のメリット・デメリットを考慮すると、個別株への投資は、あえて特定口座などの課税口座で行う選択肢も考えられます。

損益通算や繰越控除ができない点は、NISA口座のほぼ唯一のデメリットと言えるかもしれません。しかし、損失を出してから後悔しても遅いので、NISA口座で投資を行う際は、このような制度の特性を理解しておきましょう。

注意点②　未成年は使えない

新NISAを利用できるのは、「18歳以上の日本の居住者」に限られます。そのため、未成年の方は残念ながら利用することができません。

従来は、未成年を対象とした「ジュニアNISA」という制度がありましたが、2023年末で新規の口座開設は終了しました。

ただし、すでにジュニアNISA口座を開設し、投資を行っている場合は、引き続き保有を続けることは可能です。現時点では、未成年を対象とした新たな非課税投資制度は設けられていません。今後、新しい制度が創設されるかどうかもわからない状況です。「ジュニアNISA」は、未成年者が投資を体験し、金融リテラシーを育む上で、とても良い制度だっただけに、廃止は残念でした。将来的に、同様の制度が新たに創設されることを期待したいですね。

注意点③　日本に住んでいないと利用できない

NISAを利用できるのは、18歳以上であることに加えて、「日本の居住者」であることも条件です。つまり、日本に住民票がある人が対象となります。

そのため、**海外留学や海外赴任などで日本を離れ、住民票を抜いて非居住者になってしまうと、原則としてNISAを利用することはできなくなります。**

ただし、NISA口座で投資を行っている最中に海外移住することになった場合、最長5年以内に帰国する予定があれば、NISA口座を維持できる可能性があります。

しかし、この取り扱いについては、金融機関によって対応が異なるため、事前に確認が必要です。

ちなみに、最近では海外赴任者に対するNISA口座の対応は柔軟になりつつあります。一時は口座の閉鎖や解約を求めていた金融機関もありましたが、みずほ銀行やSBI証券などが、海外赴任中でも一定の条件を満たせばNISA口座を継続できるよう、ルールを改定しました。この流れを受けて、今後は多くの金融機関で同様の対応が広がることが予想されます。

もしも、あなたが海外赴任などで海外移住の可能性がある場合は、事前に利用している金融機関に問い合わせて、海外移住時のNISA口座の取り扱いについて、しっかりと確認しておきましょう。

POINT

新NISAは「国内に住む」「18歳以上」が利用でき、できるだけ「損失を出さずに運用する」ことを意識する

2章

「逆算ほったらかし」新NISA投資術 STEP1

つみたて投資枠・成長投資枠ともに投資信託（分配金なし）を購入

ここからは、本書のテーマである「新NISAを活用して不労所得を作るための具体的な方法」を、3つのステップに分けて解説していきます。

最初のステップは、「つみたて投資枠・成長投資枠ともに「投資信託（分配金なし）」を購入する」ことです。

「え、それだけ？　もっと複雑な手順があるんじゃないの……？」

そう思った人もいるかもしれません。

しかし、**新NISAで効率的に資産を築きたいのであれば、この方法が最もシンプルかつ効果的**です。

なぜこの結論に至ったのか、その理由をこれから詳しく解説していきます。

新NISAを始める上で、最初のステップは非常に重要です。

少しボリュームが多い章となりますが、その分、新NISAでの投資を成功させるために必要な情報とも言えます。

ぜひ最後まで読み進めてみてください。

新NISA口座はどこで開設するのが最もお得なの？

新NISAを始めるには、まず証券会社で新NISA口座を開設する必要があります。すでにNISA口座を開設済みの方はこのパートは読み飛ばしていただいて構いません。

さて、「いざ口座開設！」となっても、証券会社は数多く存在するため、「どこを選べば良いのかわからない……」と迷ってしまう方もいるかもしれません。

結論から言うと、**「楽天証券」か「SBI証券」のどちらかで口座開設すれば、まず間違いありません。**

新NISA口座は1人1つの金融機関でしか開設できない！

新NISA口座を開設する際に、必ず覚えておきたい重要なポイントがあります。

それは、**新NISA口座は、1人につき、1つの金融機関でしか開設できない**ということです。

例えば、銀行で新NISA口座を開設した場合、その後、他のネット証券などで新たに新NISA口座を開設することはできません。そのため、どの金融機関でNISA口座を開設するか、慎重に検討する必要があります。

「どの証券会社を選んでも、そんなに大差ないんじゃないの？」

そう思うかもしれません。しかし、実際には手数料体系、取扱商品、投資情報サービス、操作画面の使いやすさ、カスタマーサポートなど、証券会社によってそれぞれ異なる特徴があります。

特にこれから先、長期にわたって資産形成を続けていくことを考えると、以下のポイントは非常に重要です。

- **手数料が安く、長期的な運用コストを抑えられること**
- **つみたて投資枠の対象商品が多く、自分に合った商品に投資できること**
- **操作画面が使いやすく、ストレスなく取引できること**

NISAの金融機関変更手順

STEP 1 変更前の金融機関に申請する
- NISA枠を利用し残高がある人
  ▶「金融商品取引業者等変更届出書」
- 利用したことがない、または残高がない人
  ▶「非課税口座廃止届出書」

申請書類が届いたら必要事項を記入し、提出

STEP 2 変更前の金融機関から書類を受け取る
交付された「勘定廃止通知書」または「非課税口座廃止通知書」を保管する

STEP 3 新しい金融機関で手続きを行う
「勘定廃止通知書」または「非課税口座廃止通知書」を新しい金融機関に提出

・投資信託の定期売却サービスなど、出口戦略が充実していること

もちろん、NISA口座を開設したあとでも、金融機関を変更することは可能です。しかし、正直なところ、手続きがかなり面倒です……。

だからこそ、あとから変更する手間を考えると、最初から自分に合った証券会社を選ぶことが大切になってくるのです。

「楽天証券」か「SBI証券」で新NISA口座を開設しよう！

繰り返しになりますが、新NISAの口座は「楽天証券」か「SBI証券」を選べば、まず間違いありません。この2社は、ネット証券業界の最大手です。顧客満足度ランキングや口座開設数ランキングでも常に上位にランクインしており、まさに「鉄板」と呼ぶにふさわしい証券会社です。

それでは、数ある証券会社の中から、なぜ「楽天証券」と「SBI証券」が特におすすめなのか、具体的な理由を見ていきましょう。

大きく分けて、以下の4つのメリットがあります。

- **低コストで優秀な投資信託に投資できる**
- **投資信託の購入でポイントが貯まる**
- **投資信託の保有残高に応じてポイントがもらえる**
- **投資信託の定期売却サービスを利用できる**

メリット① 低コストで優秀な投資信託に投資できる

楽天証券とSBI証券は、どちらも運用手数料が安く、パフォーマンスの優れている投資信託を数多く取り扱っています。

特に高い人気と実績を誇る投資信託が、「eMAXIS Slim シリーズ」です。このシリーズは業界最低水準の運用コストを目指しており、多くの個人投資家から支持を集めています。

例えば、「eMAXIS Slim 全世界株式（オール・カントリー）」は、これ1本で世界中の株式に分散投資できる上、保有時にかかるコストの信託報酬は驚きの0・05775％（総経費率0・11％）と非常に低コストです。長期的な資産形成に、まさにピッタリの投資信託と言えるでしょう。

また、「eMAXIS Slim 米国株式（S&P500）」も、信託報酬は0・09372％（総経費率0・1％）と低コストで、これ1本でアメリカの主要企業500社に分散投資することができます。

さらに、楽天証券では、独自に開発した「楽天・プラスシリーズ」という、業界最安値水準の投資信託を提供しています。

例えば、「楽天・オールカントリー株式インデックス・ファンド」の信託報酬は、なんと0・

楽天証券・SBI証券のおすすめ投資信託

【全世界株】

証券会社	ファンド名	信託報酬	総経費率	投信残高P	実質コスト	つみたて投資枠	成長投資枠
楽天	楽天・ オールカントリー株式 インデックス・ファンド	0.0561%	0.1%	0.017%	0.083%	○	○
楽天	eMAXIS Slim 全世界株式 （オール・カントリー）	0.05775%	0.11%	0.0%	0.11%	○	○
SBI	eMAXIS Slim 全世界株式 （オール・カントリー）	0.05775%	0.11%	0.0175%	0.093%	○	○

【S&P500】

証券会社	ファンド名	信託報酬	総経費率	投信残高P	実質コスト	つみたて投資枠	成長投資枠
楽天	楽天・S&P500 インデックス・ファンド	0.077%	0.1%	0.028%	0.072%	○	○
SBI	eMAXIS Slim 米国株式（S&P500）	0.09372%	0.1%	0.0326%	0.067%	○	○

0561%（総経費率0・1%）！eMAXIS Slim シリーズよりもさらに低いコストを実現しています。

　このように、楽天証券とSBI証券は、長期投資に最適な、低コストで優秀な投資信託を数多く取り扱っています。

　対面型の銀行や総合証券会社の場合、どうしても販売手数料の高い商品や独自に開発した投資信託など、選択肢が限られてしまう傾向があります。

　楽天証券とSBI証券は、顧客が自由に商品を選べるという点が非常に優れています。

メリット② 投資信託の購入でポイントが貯まる

楽天証券とSBI証券では、投資信託の購入でポイントが貯まります。

楽天証券では楽天カード、SBI証券では三井住友カードを使って投資信託を購入すると、購入金額に応じてポイントが付与されます。

投資でお金が増えて、ポイントも貯まるなんて、一石二鳥でお得ですよね！

楽天証券では楽天カードで投資信託を購入すると、楽天ポイントがもらえます。還元率は、投資信託の代行手数料やカードの種類によっても異なります。

投資信託の代行手数料については、新NISAで多くの人が投資する「全世界株式」などのインデックスファンドは、手数料が0・1％未満の超低コストなので、「代行手数料：0・4％未満」に該当します。通常の楽天カードで「楽天・オールカントリー株式インデックス・ファンド」を毎月10万円購入した場合、1年間で6000ポイント貯まります。楽天プレミアムカードを使っている人なら、還元率が1・0％にアップするため、年間で1万2000ポイントも貯まります！

SBI証券でも、三井住友カードで投資信託を購入するとポイントが貯まります。ただし、ポイント還元率はカードの種類や利用額に応じて異なり、かなり複雑です。

ゴールドまでのランクだと、カード利用額が年間10万円未満ですと、ポイント還元はありません。つまり、三井住友カードを普段使いする人でないと、ポイント還元が受けづらい仕組みになっています。

例えば、三井住友カード（NL）を年間10万円以上利用する方で、「eMAXIS Slim 全世界株式（オール・カントリー）」を毎月10万円購入する場合、還元率は0・5％で1年間で6000ポイント貯まります。

また、三井住友カード（NL）ゴールドで「eMAXIS Slim 全世界株式（オール・カントリー）」を毎月10万円購入する場合は、年間利用額に応じて異なります。

三井住友カードゴールドは、一度でも年間100万円利用すれば、翌年以降の年会費5500円が無料になります。ですので、「100万円修行」を達成して年会費無料で持っている人も多いと思います。

しかし、最低でも年間10万円以上は利用しないと、クレカ積立のポイント還元は受けられない仕組みになってしまったので、この点は残念に感じている人も多いのではないでしょうか。ポイント還元のために無駄遣いしても仕方ありませんし、こうした仕組みは度々変更されるので、もらえたらラッキーくらいに思っておくのがいいのかもしれません。

メリット③ 投資信託の保有残高に応じてポイントがもらえる

また、楽天証券とSBI証券では、投資信託の保有残高に応じてポイントが貯まる仕組みもあります。

楽天証券では「投信残高ポイントプログラム」、SBI証券では「投信マイレージサービス」という名称で、それぞれ独自のサービスを提供しています。

楽天証券の「投信残高ポイントプログラム」の対象銘柄は、執筆時点で「楽天・プラスシリーズ」の6本です。どれも資産形成に適した低コストのインデックスファンドです。

例えば、楽天証券では「楽天・オールカントリー株式インデックス・ファンド」を1000万円分保有した場合、1年間で1700ポイント貯まります。

楽天証券の場合、対象商品が「楽天・プラスシリーズ」に限定されているため、人気の「eMAXIS Slim 全世界株式（オール・カントリー）」ではポイント還元が受けられません。ですので、楽天証券でポイント還元も受けつつお得に全世界株式の投資信託へ投資したいなら、「楽天・オールカントリー株式インデックス・ファンド」を購入しましょう。

SBI証券の「投信マイレージサービス」は、投資対象によってポイント還元率が異なります。対象となる投資信託は、大きく「通常銘柄」「指定銘柄」「SBIプレミアムセレクト銘柄」の3つのカテゴリーに分類されます。具体的な銘柄とポイント付与率は、SBI証券の公式サイトに掲載されている「投信マイレージサービスポイント付与率（年率）一覧（https://search.sbisec.co.jp/v2/popwin/info/home/pop6040_fundmileage.html）」で確認できます。

注意！ ポイントはあくまで「おまけ」

このように、楽天証券とSBI証券では、投資をしながらポイントも貯められる、お得なサービスを提供しています。

ただし、**ポイント還元制度は、いつまでも続くとは限りません。**過去にも、ポイント付与率の変更や、制度自体の改廃は、実際に行われています。この本で紹介している情報も、あくまで執筆時点（2024年10月）のものであることをご理解いただいた上で、最新の情報は各社の公式サイトで確認するようにしてください。

ポイント還元は、あくまで「おまけ」と考えるようにしましょう。目先のポイントに気を取られすぎることなく、長期的な視点で、本当に自分に合った証券会社を選ぶようにするべきです。

メリット④ 投資信託の定期売却サービスを利用できる

楽天証券とSBI証券をおすすめする最大の理由は、投資信託の定期売却サービスに対応していることです。

「定期売却サービス？ はじめて聞いたぞ……」

という人も多いのではないでしょうか。**定期売却サービスとは、保有している投資信託を、毎月など定期的に自動で売却し、売却代金を受け取ることができるサービスのことです。**老後の生活資金の準備や毎月安定した収入を得たいと考えている人におすすめです。

この定期売却サービスは、手間をかけずに自分の資産を効率的に現金化できる、非常に便利な機能です（サービスの詳細は本書の「STEP3」で詳しく解説します）。

しかし、投資信託の定期売却サービスは、現状では対応している証券会社が限られています。新NISAで投資信託を購入する際は、定期売却サービスを利用できるかどうかを、事前に確認しておきましょう。

その点、楽天証券とSBI証券は、投資信託の定期売却サービスを提供しているため、非常に優秀です。

ただし、**現時点では、楽天証券のみがNISA口座での定期売却に対応しています。**

SBI証券では、特定口座などの課税口座で保有の投資信託のみ、定期売却を利用することができます。また、売却方法の種類も異なります。楽天証券は「定額売却」「定率売却」「期間指定売却」から選択できますが、SBI証券は「定額売却」のみです。

このように、**出口戦略まで見据えると現時点では楽天証券の方が優勢**と言えるでしょう。ただし、SBI証券の定期売却サービスも2025年以降に改善を予定しており、「NISA口座での売却」や「定率売却」にも対応する予定です。

新NISA口座は1つの証券会社でしか開設できませんが、証券口座自体は複数の会社で開設することができます。

もしも時間に余裕があり、どちらの証券会社にするか迷っているのであれば、両方の証券会社で口座を開設してみて、実際に操作感を試したり、使い勝手を比較してみるのも良いかもしれません。

POINT

新NISAの口座開設は1つだけ。現状では「楽天証券」が最もおすすめ

新NISAのメリットを最大化させる投資先の選び方

証券会社が決まったら、次は投資する商品を選びましょう。新NISAで効率的に資産形成を行うためには、以下の3つのポイントを押さえることが重要です。

- **投資信託（分配金なし）を選ぶ**
- **低コストなインデックスファンドを選ぶ**
- **つみたて投資枠でも成長投資枠でも、前の2つの条件を満たす商品を選ぶ**

なぜこれらのポイントが重要なのか、その理由を詳しく解説していきます。

投資信託とは？

「投資でお金を増やしたい！　でも、何から始めればいいのかわからない……」

そんな投資初心者の方にとって、心強い味方となるのが「**投資信託**」です。

投資信託とは、簡単に言うと、多くの投資家から集めたお金を専門家が株式や債券などに投資・運用する金融商品のことです。みんなで少しずつお金を出し合って、大きな資金として運用してもらうイメージですね。

投資信託の魅力は、大きく分けて以下の3つです。

魅力①　少額から始められる

株式投資の場合、人気企業の株は1単元あたり数万円から数十万円かかることも珍しくありません。しかし、投資信託であれば、100円から投資を始めることができます。

魅力②　プロに運用を任せられる

投資信託は、「ファンドマネージャー」と呼ばれる投資のプロが、私たちの代わりに運

投資信託の仕組み

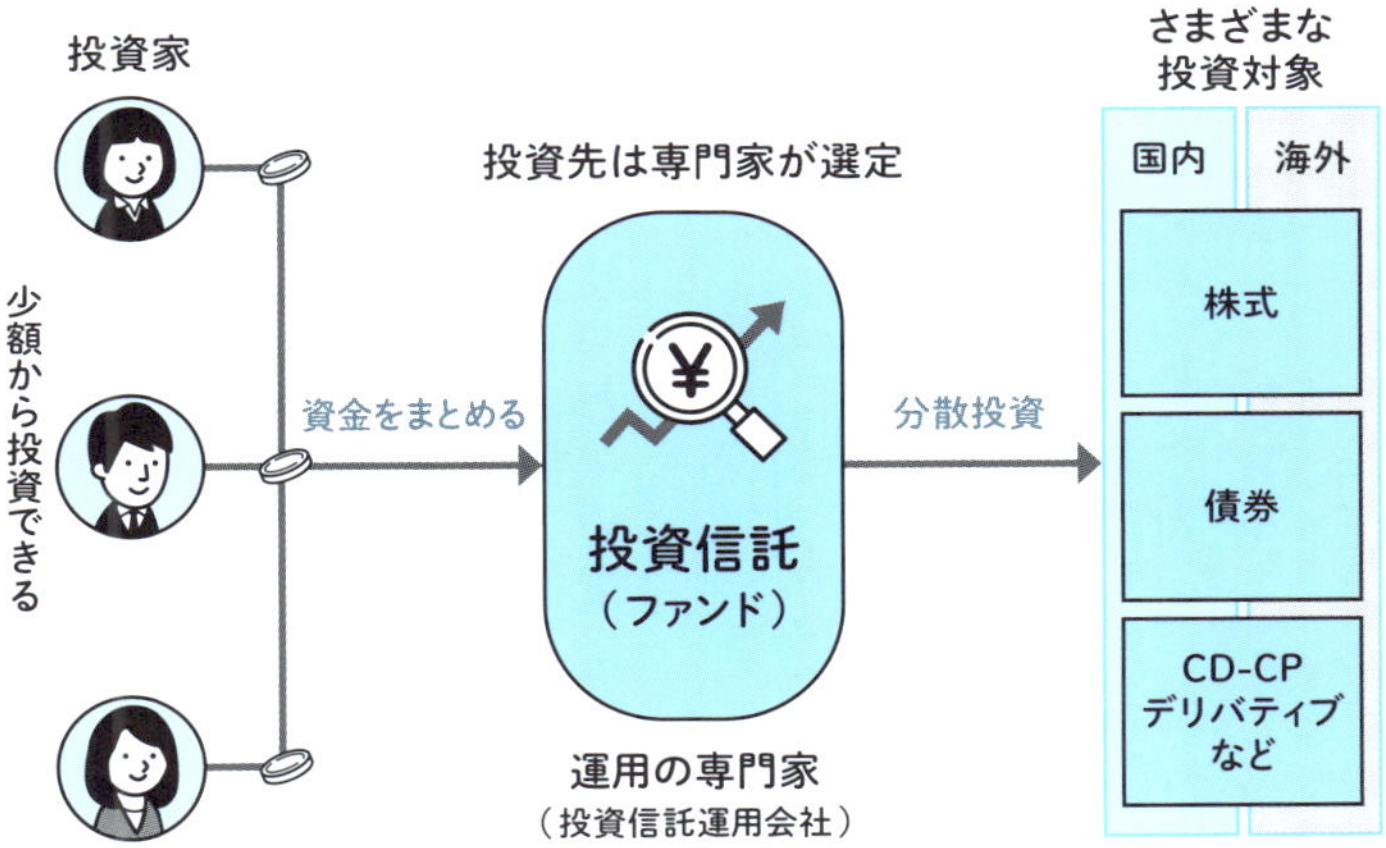

用を行ってくれます。投資の知識や経験が少ない初心者の方でも、安心して運用を任せられる点が大きな魅力です。

魅力③ 分散投資が簡単にできる

投資信託は、1つの商品で複数の株式や債券に投資できるため、**リスク分散効果が期待できます**。例えば、ある企業の業績が悪化して株価が下落した場合でも、他の企業の株価が上昇することで損失を軽減できる可能性があります。

このように、投資信託は、投資資金が少額でも、投資知識がなくても、効率的に投資を行うことができるため、初心者にとって最適な投資方法の一つと言えるでしょう。

しかし、一口に投資信託と言っても、実際には、株式投資型、債券投資型、不動産投資型など、数え切れないほどの種類が存在します。さらに、運用方法や分配金の有無など、商品ごとにさまざまな特徴があります。

投資初心者の方にとって、数ある投資信託の中から、自分に合った商品を選ぶのは至難の業です。一体、どんな基準で選べば良いのでしょうか？

「分配金あり」と「分配金なし」、どっちを選ぶ？

投資信託には大きく分けて「分配金あり」と「分配金なし」の2つのタイプがあります。

【分配金あり】

運用で得られた利益の一部を、投資家に分配金として定期的に支払います。受け取った分配金は自由に使うことができます。

【分配金なし】

分配金ありの商品（イメージ）

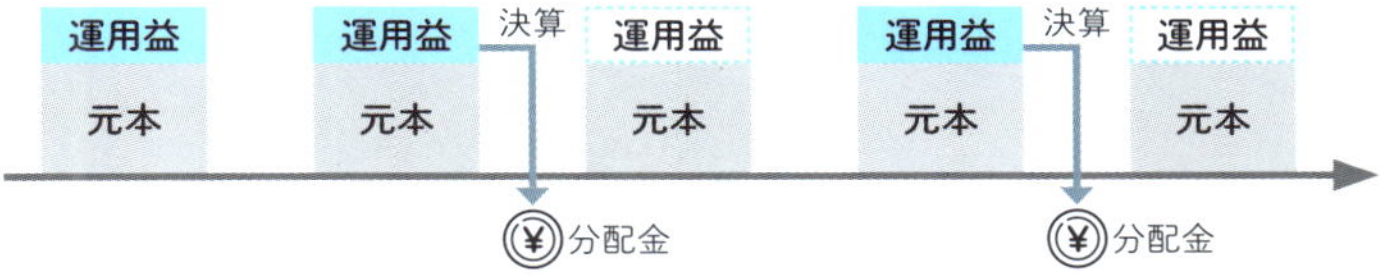

運用益の一部を分配金として定期的に受け取れるが、運用益は増えにくい

分配金なしの商品（イメージ）

分配金は受け取れないが、運用益は増えやすい

運用で得られた利益は、全て投資信託の中に留保され、再投資に回されます。そのため、分配金は支払われませんが、その分、投資元本が増え、より大きな複利効果が期待できます。

一見すると、定期的に収入を得られる「分配金あり」の方が魅力的に思えるかもしれません。しかし、長期的な資産形成という視点で見ると、必ずしもそうとは言えません。

一般的に、長期的な資産形成を目指すのであれば、「分配金なし」の投資信託を選ぶ方が有利だと言われています。なぜなら、分配金を受け取らずに再投資に回すことで、複利効果によってより効率的に資産を増やすことができるからです。

新NISAは「分配金なし」投資信託との相性が抜群！

新NISAで効率的に資産を増やしたいのであれば、「分配金なし」の投資信託を選ぶようにしましょう。新NISAの最大のメリットは、投資で得た利益が非課税になる点にあるからです。

「分配金あり」を選んでしまうと、せっかくの非課税のメリットを最大限に活かせません。なぜなら、分配金として受け取った時点で、約20％の税金が差し引かれてしまうからです。

一方、「分配金なし」の投資信託であれば、利益は全て再投資に回されるため、非課税の恩恵を受けながら、雪だるま式に資産を増やす「複利効果」を最大限に享受できます。

新NISAを活用する上で「複利」は非常に重要なので、次の章でもう少し詳しく解説していきます。

新NISAで資産拡大する肝は「複利」の力を活かすこと

新NISAで効率的に資産を形成する上で、ぜひとも理解しておきたい概念の一つに「複利」があります。

複利とは、投資で得た利益を元本に組み入れ、雪だるま式に資産を増やしていく仕組みのことです。

例えば、100万円を年利5%で運用するとします。1年後には5万円の利益が発生し、元本と合わせて105万円になります。ここまでは、単利運用でも同じです。

複利運用で最も重要なことは、この「105万円を新たな元本として運用を続ける」という点です。

2年目は、100万円ではなく、「105万円」に対して利息が付きます。

その結果、2年後には110万2500円となり、単に元本に利息が加算されるだけの単利運用と比較して、より多くの利益を得ることができるのです。

「単利」と「複利」の違い

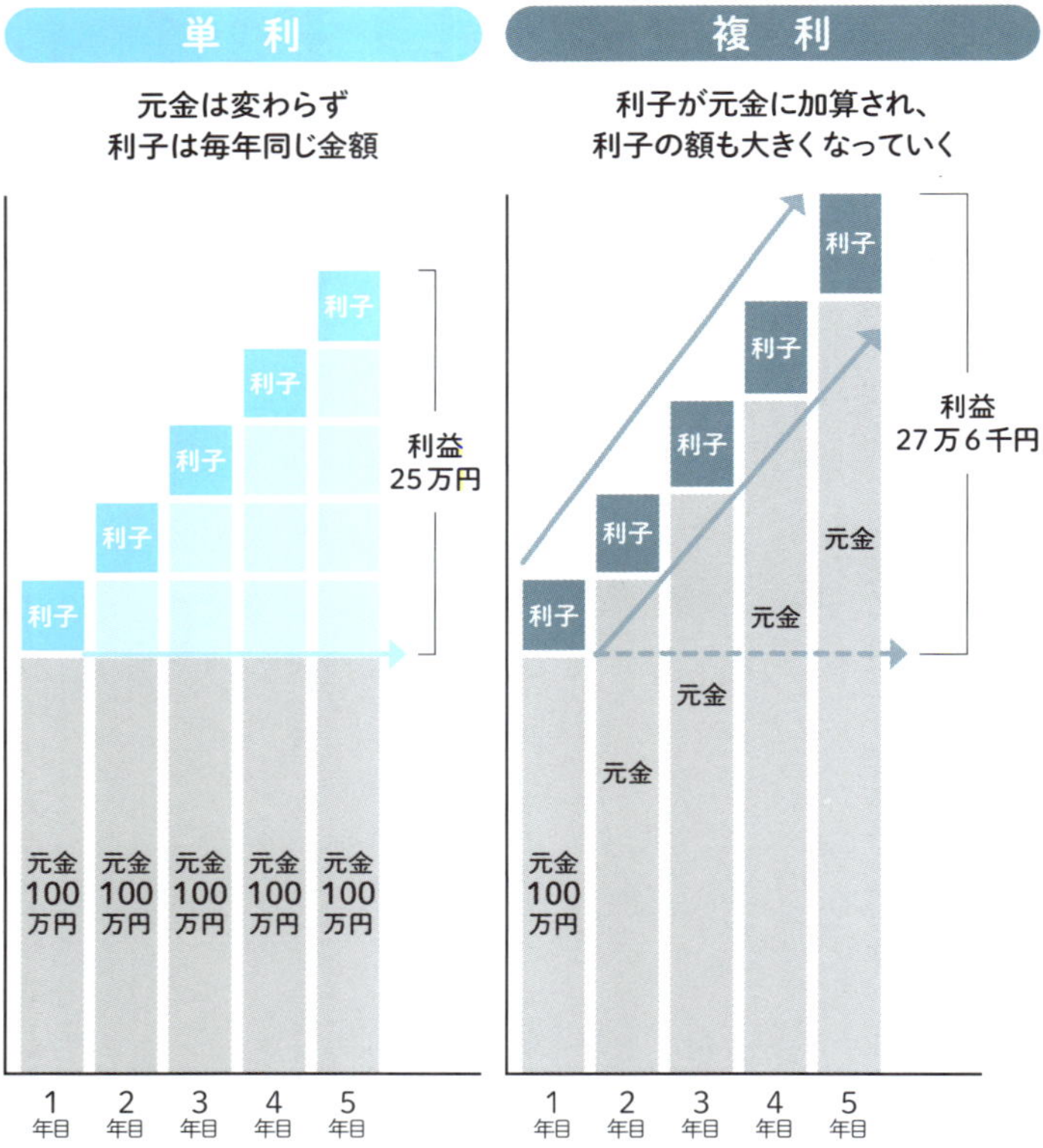

単　利
元金は変わらず
利子は毎年同じ金額
利子
元金 100 万円
利益 25万円
1 年目
2 年目
3 年目
4 年目
5 年目
複　利
利子が元金に加算され、
利子の額も大きくなっていく
利子
元金
元金 100 万円
利益 27万6千円
1 年目
2 年目
3 年目
4 年目
5 年目

新NISAでは、この複利効果を最大限に活用することが、長期的な資産形成の鍵となります。**なぜなら、新NISAの非課税制度を活用することで、本来支払うべき税金分も再投資に回せるから**です。その結果、複利効果がさらに高まり、より効率的に資産を増やすことができるのです。

複利は「時間を味方につける」長期投資において、非常に強力な武器となります。

新NISAでは複利の力を最大限に活用し、効率的に資産を拡大していきましょう。

インデックスファンドを選ぶべき理由

投資信託には、大きく分けて「インデックスファンド」と「アクティブファンド」の2種類があります。これらのファンドは、運用方法や目標が異なるため、運用成績やコストにも大きな違いがあります。すでにお伝えした通り、**新NISAで購入する投資信託は「インデックスファンド」を選ぶべき**だと考えています。

なぜなら、新NISAで長期的に資産運用を行う場合、インデックスファンドの方が、アクティブファンドよりも高いパフォーマンスを期待できる可能性が高いからです。

インデックスファンドとは？

インデックスファンドとは、日経平均株価やS&P500などの、市場全体や特定の市場指数（インデックス）に連動するように設計されたファンドです。

インデックスファンドの特徴は、以下の通りです。

特徴① 低コスト

インデックスファンドは市場全体に投資するため、個別銘柄の選定や頻繁な売買を行う必要がありません。そのため、運用コストが低く抑えられます。一般的に、信託報酬（運用管理費用）は0・1％〜0・5％程度です。

特徴② パッシブ運用

インデックスファンドは市場平均に連動することを目指すため、**運用方針がシンプルで運用担当者の裁量が少ない**という特徴があります。

アクティブファンドとは？

一方、**アクティブファンドは、運用担当者が市場平均を上回るリターンを目指して、積極的に銘柄を選定し、売買を行うファンド**です。

アクティブファンドの特徴は、以下の通りです。

特徴① 高コスト

アクティブファンドは運用担当者が市場調査や分析を行い、頻繁に売買を行うため、運用コストが高くなります。信託報酬は1％～2％程度、場合によってはそれ以上になることもあります。

特徴② アクティブ運用

アクティブファンドは市場平均を上回るリターンを目指し、運用担当者の判断や戦略が重要となります。そのため、**運用成績は運用担当者のスキルや市場環境に大きく左右されます。**

まとめ 「インデックス運用」と「アクティブ運用」の違い

インデックス（指数）とは：市場全体や一定のルールに基づき抽出された銘柄群の価格を 一定の計算式で１つの値に集約した指標

	インデックス運用	アクティブ運用
運用目標	**インデックスに連動する**ことを目指す	**インデックスを上回る**ことを目指す
組入銘柄	インデックスと同様の構成	調査や分析を通じて優良な銘柄を絞り込む
コスト	相対的に低い	相対的に高い
値動きのイメージ	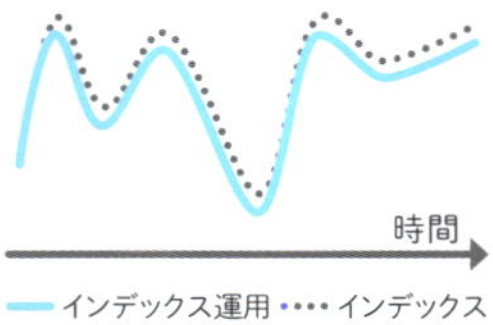	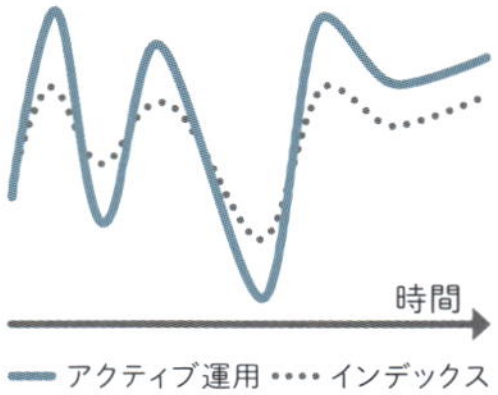 ※アクティブ運用の運用成果は、インデックスを下回る場合がある

新NISAで長期投資をするなら「インデックスファンド」が有利！

新NISAで長期的な資産形成を目指す場合、インデックスファンドとアクティブファンドのどちらを選ぶべきでしょうか？　結論から言うと、**インデックスファンドを選ぶ方が有利であるケースが多い**です。その理由は、主に次の3点です。

理由① 運用コストの低さ

アクティブファンドは、ファンドマネージャーによる銘柄選定や調査などのため、インデックスファンドよりも運用コストが高くなる傾向があります。長期投資において、このコスト差は最終的なリターンに大きな影響を与えます。

理由② 市場平均を上回るリターンの難しさ

アクティブファンドは市場平均を上回ることを目指しますが、実際にそれを達成できるファンドはごくわずかです。むしろ、長期的に見ると、インデックスファンドよりも低いリターンに終わってしまうケースも少なくありません。

理由③ インデックス投資の進化

近年、コンピューター技術の発展により、低コストで効率的に運用できるインデックスファンドが数多く登場しており、その運用成績も安定しています。

もちろん、アクティブファンドの中にも優れた成績を収めているファンドは存在します。しかし、**長期的な視点で、より確実かつ効率的に資産形成を目指すのであれば、運用コストが安く、市場平均のリターンを着実に獲得できるインデックスファンドがおすすめです。**

インデックスファンドの期待リターン

「インデックスファンドは長期投資に最適」と言われても、実際にどれくらいのリターンが見込めるのか、イメージしづらいですよね。

もちろん、未来の市場を完璧に予測することは不可能です。しかし、過去の歴史から学ぶことで、将来の見通しを立てることは可能です。

そこで、今回は200年以上もの長期間における、米国株式市場の成長を分析したデータをもとに、S&P500などの米国株式インデックスファンドの期待リターンについて考えてみましょう。

結論から言うと、**米国株式への長期投資は、平均すると年率7%程度の成長を遂げてきました。**

「あれ？ 意外と高い！」

そう思った方もいるかもしれません。銀行預金の金利がほぼゼロに近い現代において、「年率7%」という数字は驚異的なパフォーマンスに思えますよね。

しかし、ここで重要なのは、「長期」と「平均」という2つのキーワードです。


【長期】

200年の間には、戦争、恐慌、金融危機など、さまざまな出来事がありました。短期的には大きく値下がりする時期も経験しましたが、長期的に見れば、米国経済は成長を続け、株式市場もその成長を反映してきました。

【平均】

年率7％という数字は、あくまで過去の平均値です。「毎年必ず7％ずつ成長する」ではありません。大きく値上がりする年もあれば、逆に大きく値下がりする年もあります。

つまり、**インデックスファンドへの投資で成功するには、短期的な値動きに一喜一憂せず、長期的な視点で投資を続けることが重要**になるのです。

半分以上のアクティブファンドはインデックス未満の成績

「アクティブファンドは、プロのファンドマネージャーが運用しているんだから、インデックスファンドよりも高いリターンが期待できるんじゃないの？」

そう考える方もいるかもしれません。しかし、現実はそれほど甘くありません。

実際には、アクティブファンドの多くは、インデックスファンドに勝てていないのです。

国別の株価指数に勝てたアクティブ運用投信の割合を見ると、過去1年でもアクティブファンドの勝率は20％～30％程度で、期間を延ばして過去10年になると勝率は10％～20％に下がっていることがわかります。

なぜ、このような結果になってしまうのでしょうか？ その要因の一つとして、**アクティブファンドはインデックスファンドよりも運用コストが高い**ことが挙げられます。

高い運用コストを上回るリターンを出し続けることは、非常に困難なのです。もちろん、中には優秀なファンドマネージャーが運用する、市場平均を大きく上回るリターンを達成するアクティブファンドも存在します。

しかし、そのようなファンドを見つけるのは至難の業ですし、将来にわたって高いパフォーマンスを維持できる保証もありません。

特に、投資初心者の方や長期的な視点で着実に資産形成を行いたいという方は、無理にアクティブファンドを選ぶ必要はありません。

むしろ、**運用コストが低く、市場平均のリターンを確実に狙えるインデックスファンドを選択する方が、堅実な資産形成につながります。**

「インデックス運用」を上回った「アクティブ運用」の割合（2021年12月末時点）

2021年12月末現在

市場	過去1年	過去3年	過去5年	過去10年
米国	14.93%	32.15%	25.90%	16.93%
カナダ	33.33%	10.81%	5.68%	19.32%
メキシコ	2.17%	8.51%	16.28%	13.89%
ブラジル	39.74%	34.98%	22.09%	13.47%
チリ	35.14%	35.00%	12.50%	2.22%
欧州	25.21%	37.78%	27.37%	16.77%
中東・北アフリカ	25.93%	20.00%	11.76%	10.26%
南アフリカ	53.11%	55.72%	44.12%	26.72%
インド	50.00%	30.00%	17.74%	32.39%
日本	35.30%	36.90%	30.70%	18.10%
オーストラリア	57.76%	37.35%	26.55%	20.18%

出典：日経BP『株式投資2023　不安な時代を読み解く新知識』前田昌孝（著）

「投資信託」にはどんなコストがかかるの？

「投資信託のコストって、そもそも何があるの？」

投資を始めたばかりだと知らない人の方が多いと思います。そこで、投資信託にかかるコストについて、簡単に説明します。投資信託には、主に以下の3つのコストがあります。

- **購入時手数料**
- **信託報酬**
- **信託財産留保額**

一見、複雑そうに見えるかもしれませんが、仕組みを理解してしまえば、それほど難しいものではありません。

コスト① **購入時手数料**

投資信託を購入する際に、証券会社などに支払う手数料のことです。「販売手数料」と呼ばれることもあります。購入金額に対して一定の割合（例えば2％など）で手数料が決まっている場合や、購入金額に応じて手数料が変動する場合があります。

最近では、購入時手数料が無料の「ノーロード」と呼ばれる投資信託も増えています。

コスト② **信託報酬**

投資信託を保有している間、継続的に支払う手数料のことです。ファンドの運用や管理にかかる費用として、保有している資産残高に対して、年率で一定の割合（例えば0・5％など）が差し引かれます。**毎日少しずつ引き落とされるため、意識しにくいコストですが、長期投資になればなるほど、その影響は大きくなります。**

コスト③ **信託財産留保額**

投資信託を解約（売却）する際に、支払う可能性のある手数料です。

投資信託によっては、信託財産留保額が設定されていない場合もあります。

投資信託にかかる手数料の種類

支払う時期	手数料	内容
購入時	購入時手数料	投信の購入時に販売会社に払う。無料の場合もある
保有中	信託報酬	運用する資産の一定割合を毎日差し引く。主に運用にかかる費用に充当
解約時（売却時）	信託財産留保額	換金した際に引かれ、運用資産に残る。無料の場合もある

（注）別途、監査費用や海外資産の保管費用なども発生する

長期投資においてコストの影響は大きい！

これらのコストは、投資信託の運用成績に直接影響を与えるため、投資する前にしっかりと確認することが大切です。

特に、**長期投資を行う場合は、信託報酬の低い投資信託を選ぶことが、運用効率を高める上で非常に重要になります。**

「コストが重要って言うけど、実際どれくらい影響があるの？」

そう疑問に思う方もいるかもしれません。

結論から言うと、**長期投資において、コストの差は運用成績に驚くほどの差を生み出します。**

例えば、1000万円を年利5％で30年間運用する場合を考えてみましょう。

Aさん：年間コスト0.1％の投資信託↓**約4336万円**（コスト：約1131万円）

Bさん：年間コスト1.0％の投資信託↓**約3313万円**（コスト：約1154万円）

コストの差は、わずか**0・9%**ですが、30年後には、AさんとBさんの資産額には、**約1023万円**もの差が生まれてしまうのです！

たった1%程度の差が、なぜここまで大きな違いを生み出すのでしょうか？

それは、**長期投資においては、複利効果によって、わずかなコスト差が雪だるま式に大きくなっていくから**です。

投資信託を選ぶ際には、目先の運用成績だけに注目するのではなく、コストにもしっかりと目を向けることが重要なのです。

コストの差によるリターンへの影響

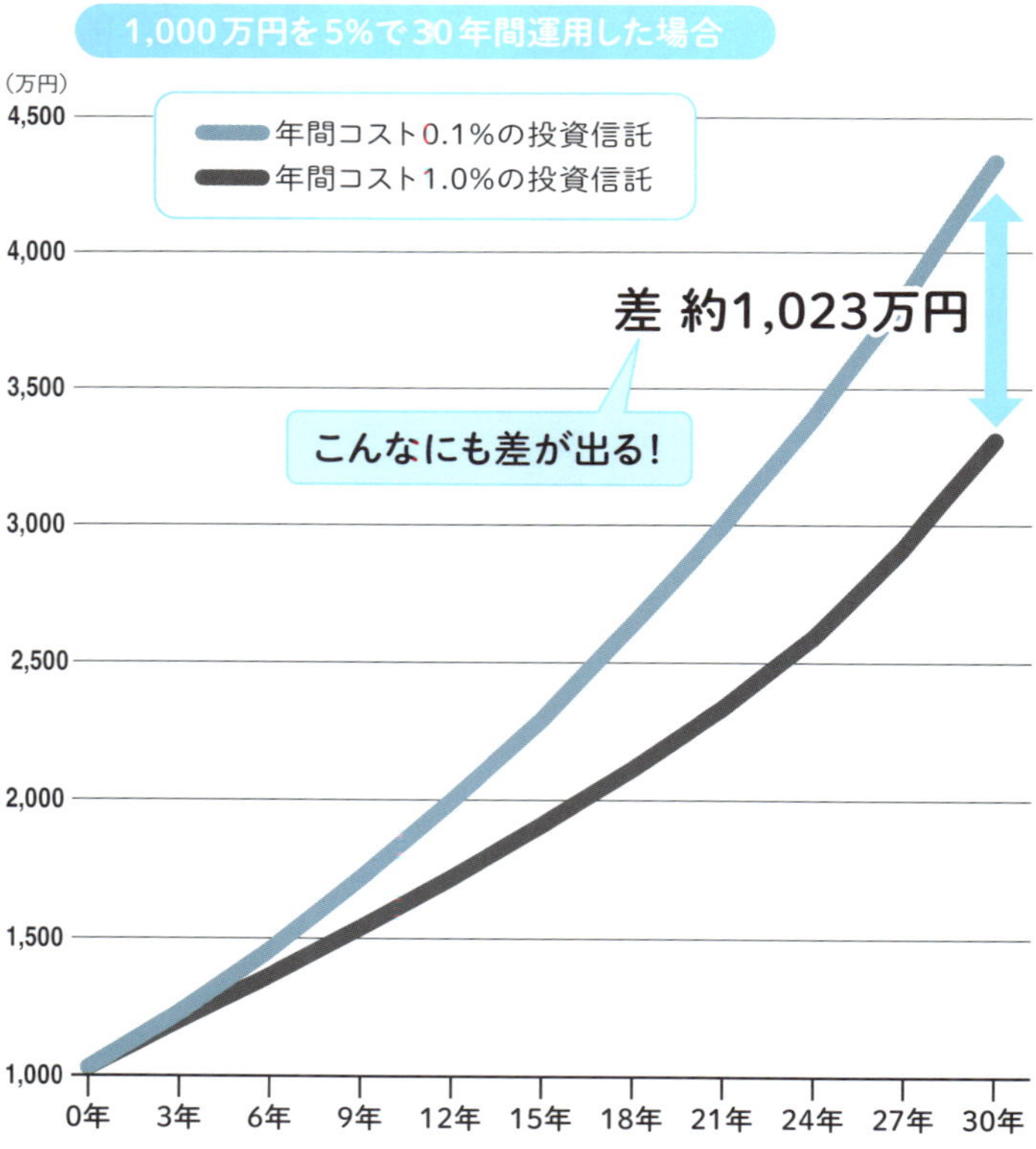

「つみたて投資枠」と「成長投資枠」で使い分けは不要？

ここまでの話で、新NISAでは「投資信託（分配金なし）」の「インデックスファンド」を選ぶべき理由はご理解いただけたかと思います。

そこで、次に考えたいのが、購入する「投資枠」です。

新NISAには、「つみたて投資枠（年間120万円）」と「成長投資枠（年間240万円）」の2種類の投資枠があります。

一見すると、それぞれの投資枠の特徴に応じて、投資方法を使い分ける必要があるように思えるかもしれません。

しかし、結論から言うと、新NISAで長期的な資産形成を目指す場合、「つみたて投資枠」「成長投資枠」ともに、投資信託（分配金なし）で運用することをおすすめします。

その理由は、以下の3点です。

・新NISAで資産を増やすには、「複利」の効果を最大限に活かすことが重要
・新NISAと「分配金なし」投資信託は相性抜群
・長期投資においては、インデックスファンドが有利なケースが多い

「え？　投資信託は『つみたて投資枠』でしか買えないんじゃないの……？」

そう思っている方もいるかもしれませんが、それは誤解です。「つみたて投資枠」で購入できる商品は、金融庁が指定した、長期投資に適した投資信託に限定されています。

一方、「成長投資枠」では、投資信託だけでなく、個別株やETFなど、幅広い商品に投資することができます。

つまり、**「つみたて投資枠」でも「成長投資枠」でも、同じ投資信託（分配金なし）を購入できます。**

「成長投資枠」と聞くと、個別株やハイリスク・ハイリターンの投資信託などに投資する必要があると感じるかもしれません。

しかし、新NISAを最大限に活用するのであれば、「つみたて投資枠」と同様に、「成長投資枠」でも、投資信託（分配金なし）を購入するのがおすすめです。

「つみたて投資枠」と「成長投資枠」の違い

	つみたて投資枠	成長投資枠
年間投資上限額	120万円	240万円
投資方法	積立投資のみ（毎月の積立額を増やすことは可能）	積立投資、スポット購入（一度に購入）どちらも可能
対象となる商品	長期・積立・分散投資に適した一定の投資信託	個別株、ETF、REIT、投資信託など幅広く選択可能（ただし、一部対象外あり）

「全世界株式」と「S&P500」どっちを選ぶべき？

新NISAで投資信託を選ぶ際、「全世界株式」と並んで候補に挙がるのが「S&P500」への投資です。

どちらも魅力的な投資対象ですが、それぞれ異なる特徴を持っています。どちらが自分に合っているのか、しっかりと理解しておきましょう。

「全世界株式」と「S&P500」の比較

まずは、「全世界株式」と「S&P500」の違いを簡単に比較してみます。

比較① 投資対象

全世界株式の方は「MSCI ACWI」という米国のMSCI社が算出しているインデックスで、

世界の47カ国（先進国23カ国、新興国24カ国）の約2900社を対象として計算されています。

人気の「eMAXIS Slim 全世界株式（オール・カントリー）」「楽天・オールカントリー株式インデックス・ファンド」もこの指数に連動しており、これ1本だけで世界中の株式に投資できる優れものです。

一方の「S&P500（S&P500種指数）」は、米国の代表的な株価指数の1つです。S&P500は米国株式市場全体に対し約80％の時価総額比率を占めており、米国市場全体の動きを概ね反映していると言えます。

比較② 特徴・注意点

改めて、全世界株式と米国株式（S&P500）の特徴と注意点を整理すると、このあとのページにある図の通りになります。

・**全世界株式**

世界中の株式に広く投資できることが最大のメリットです。

全世界株式の約6割は米国株が占める

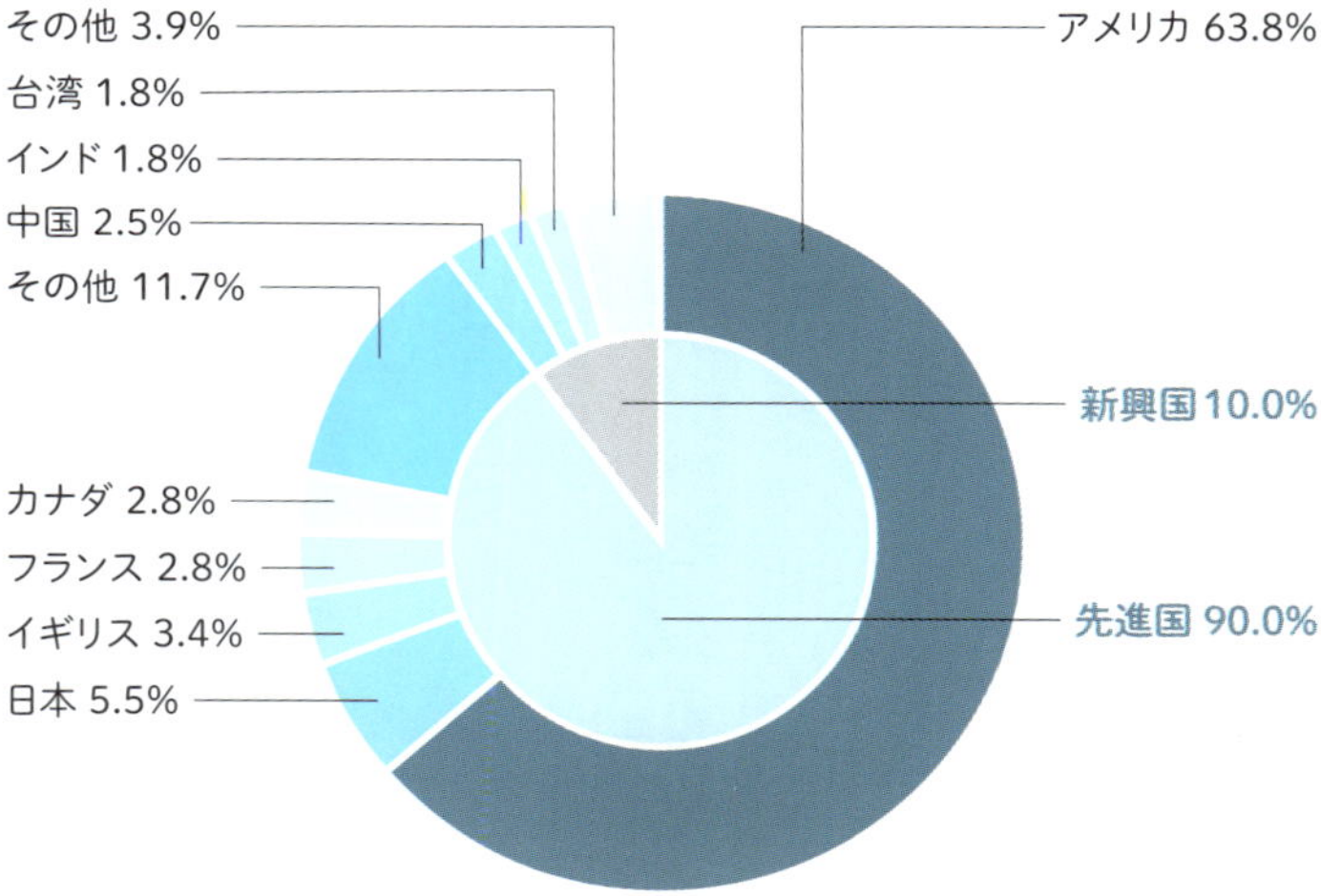

先進国・地域（23カ国・地域）

アメリカ
日本
イギリス
フランス
カナダ
スイス
ドイツ
オーストラリア
オランダ
デンマーク
スウェーデン
イタリア
スペイン
香港
シンガポール
フィンランド
ベルギー
イスラエル
ノルウェー
アイルランド
ニュージーランド
オーストリア
ポルトガル

新興国・地域（24カ国・地域）

中国
インド
台湾
韓国
ブラジル
サウジアラビア
南アフリカ
メキシコ
インドネシア
タイ
マレーシア
アラブ首長国連邦
ポーランド
カタール
クウェート
トルコ
フィリピン
ギリシャ
チリ
ペルー
ハンガリー
チェコ
コロンビア
エジプト

全世界株式の組入上位通貨・銘柄

	組入上位通貨	比率
1	アメリカドル	64.0%
2	ユーロ	8.0%
3	円	5.5%
4	イギリスポンド	3.5%
5	カナダドル	2.8%
6	香港ドル	2.5%
7	スイスフラン	2.1%
8	インドルピー	1.9%
9	ニュー台湾ドル	1.8%
10	オーストラリアドル	1.7%

	組入上位路柄	業種	国・地域	比率
1	MICROSOFT CORP	ソフトウェア・サービス	アメリカ	3.9%
2	APPLE INC	テクノロジー・ハードウェアおよび機器	アメリカ	3.5%
3	NVIDIA CORP	半導体・半導体製造装置	アメリカ	3.0%
4	AMAZON.COM INC	一般消費財・サービス流通・小売り	アメリカ	2.3%
5	ALPHABET INC-CLA	メディア・娯楽	アメリカ	1.3%
6	META PLATFORMS INC-CLASSA	メディア・娯楽	アメリカ	1.3%
7	ALPHABET INC-CLC	メディア・娯楽	アメリカ	1.2%
8	TAIWAN SEMICONDUCTOR MANUFAC	半導体・半導体製造装置	台灣	0.8%
9	BROADCOM INC	半導体・半導体製造装置	アメリカ	0.8%
10	ELI LILLY & CO	医薬品・バイオテクノロジー・ライフサイエンス	アメリカ	0.8%

世界の株式市場の時価総額全体の約85%をカバーしており、世界経済の成長による恩恵を幅広く受けられます。

また、新興国市場の成長を取り込むこともできるため、将来どの国が伸びても対応できます。

ただし、注意点として、米国株の割合が約6割を占めている点が挙げられます。そのため、「本当に世界全体に分散投資できているのか？」というと、現状では米国株式にやや偏っていると言えます。

実際、組入上位銘柄を見ると、上位10銘柄のうち9銘柄は米国株です。

これを見ると、全世界株式と米国株式の値動きが似ていることも納得できるのではないでしょうか。

また、新興国市場に投資するということは、成長率が低い国の影響を受ける可能性があることも、考慮しておく必要があります。

・S&P500

続いてS&P500については、アメリカ経済の成長をダイレクトに感じられる点が、S&P500の魅力です。

組入上位銘柄を見ると、先ほどの全世界株式と同様にアメリカの名だたる企業が並んでいます。

ただ、全世界株式と比較すると、500社に絞られている分、組入比率が高くなっています。

ですので、これまでのような米国株の成長が続けば、全世界株式よりも高いリターンを期待できる可能性があります。

S&P500（米国株式）の組入上位銘柄

	組入上位銘柄	業種	国・地域	比率
1	MICROSOFT CORP	ソフトウェア・サービス	アメリカ	6.9%
2	APPLE INC	テクノロジー・ハードウェアおよび機器	アメリカ	5.8%
3	NVIDIA CORP	半導体・半導体製造置	アメリカ	5.0%
4	AMAZON.COM INC	一般消費財・サービス流通・小売り	アメリカ	3.8%
5	ALPHABET INC-CLA	メディア・娯楽	アメリカ	2.2%
6	META PLATFORMS INC-CLASS A	メディア・娯楽	アメリカ	2.2%
7	ALPHABET INC-CL C	メディア・娯楽	アメリカ	1.9%
8	BERKSHIRE HATHAWAY INC-CL B	金融サービス	アメリカ	1.7%
9	BROADCOM INC	半導体・半導体製造装置	アメリカ	1.4%
10	ELI LILLY & CO	医薬品・バイオテクノロジー・ライフサイエンス	アメリカ	1.3%

　また、低成長の国には投資していないいため、足を引っ張られる心配がない上、米国企業は世界中でビジネスを展開しているため、新興国が伸びれば米国企業もその恩恵を受けられるという見方もできます。

上位銘柄の米国以外の売上高比率（%）

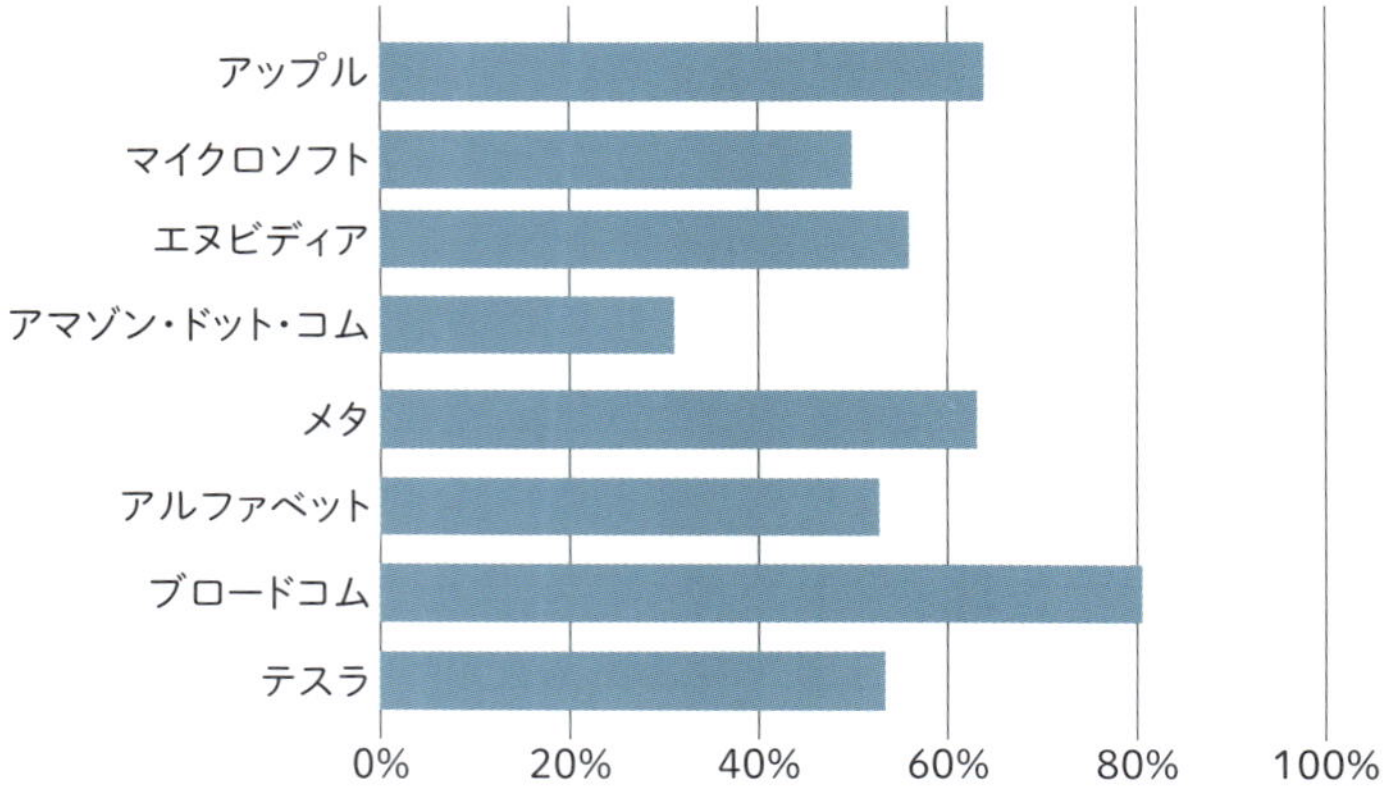

※2023年度決算時点

アップルの地域別売上高比率（%）

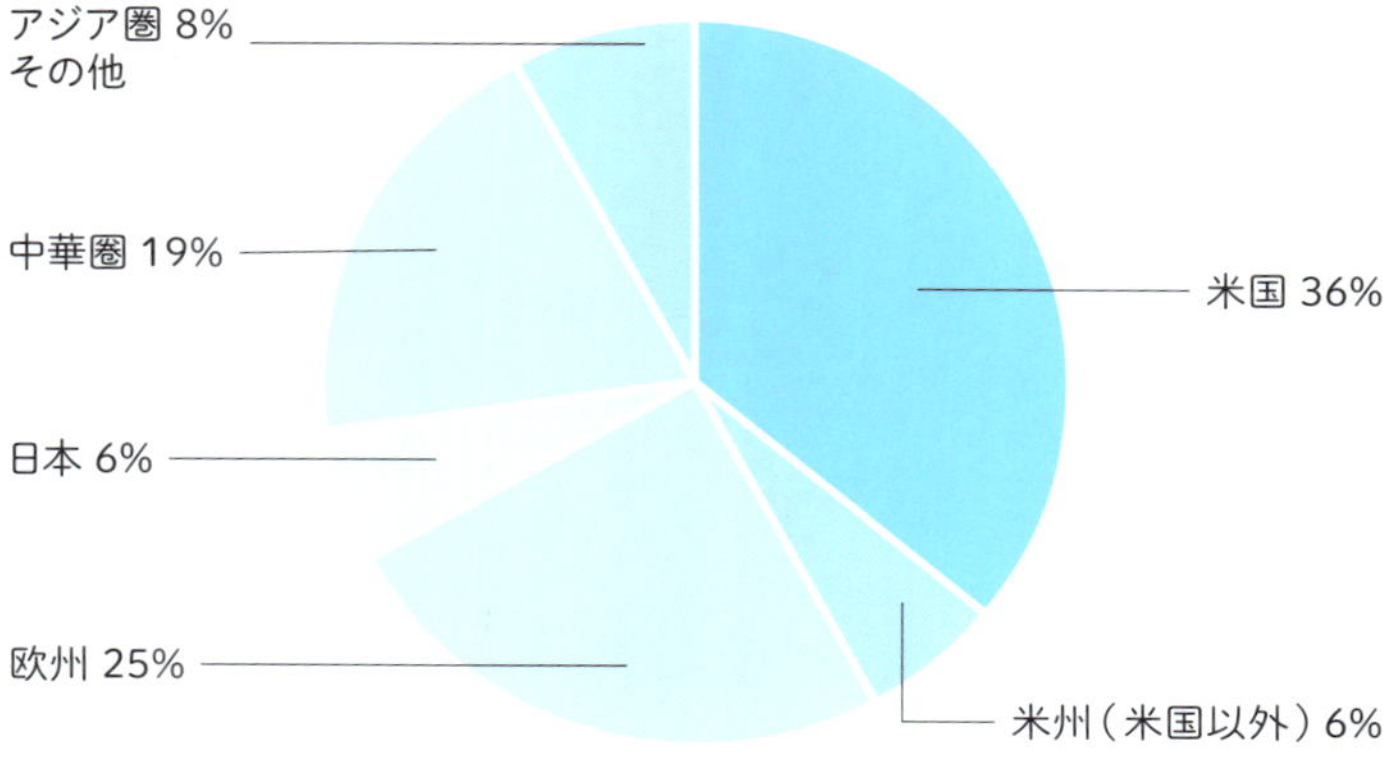

出典：ブルームバーグデータを基に大和アセットが作成の図を一部改変

実際、S&P500の上位銘柄の米国以外の売上高比率を見てみると、ほとんどの銘柄が50％以上となっており、売り上げベースではグローバルと言えます。時価総額の大きいアップルの地域別売上高比率では、新興国も含めて世界的にビジネスを展開していることがわかります。

一方で、米国への集中投資となるため、分散投資効果は全世界株式と比較すると限定的です。米国経済が今後低迷した場合、パフォーマンスが下がり、全世界株式のリターンに劣る可能性もあります。

「アメリカは今後もずっと経済大国であり続けるだろう」という前提で投資する必要がある点は、注意が必要です。

比較③ リターン・リスク

過去10年～30年のリターンを比較してみると、実は、全ての期間においてS&P500の方が高いという結果が出ています。

特に、ここ10年は米国株が好調だったこともあり、その傾向が顕著に表れています。

ちなみに、これはドルベースでの数字です。日本で販売されている投資信託で購入する場合は、為替の影響も受けます。円安になればリターンは増え、円高になればリターンは減少します。

一方、リスクに目を向けると、全世界株式とS&P500はどちらも15％前後と、大きな違いはありません。一般的に、全世界株式の方が分散効果が高いため、リスクは低いと言われています。

しかし、実際には、リスクの面では、両者に大きな差はないと言えるでしょう。

「リスクが同じで、リターンが高いなら、米国株の方がいいんじゃない……？」

そう思う方もいるかもしれませんが結論を急ぐのはまだ早いです。詳しくは後ほど解説しますが、全世界株式と米国株式、どちらを選んでも、現状では大きな違いはありません。

現時点のリターンやリスクだけで、安易に「米国株式の方が優れている！」と判断するのは危険です。

重要なのは、それぞれのメリット・デメリットを理解した上で、あなた自身の投資スタイルや目標に合った投資先を選ぶことです。

全世界株式とS&P500の過去リターン

項目	全世界株式（MSCI ACWI）	米国株式（S&P500）
リターン（ドルベース）	10年：9.3% 20年：8.8% 30年：8.0%	10年：12.9% 20年：10.4% 30年：10.6%
リスク（ドルベース）	10年：14.8% 20年：15.7% 30年：15.4%	10年：15.2% 20年：14.9% 30年：15.2%

結局、どちらを選べばいいの？

どちらに投資するかは、あなたの投資目標やリスク許容度、投資期間などを考慮して、慎重に判断する必要があります。

正直なところ、どちらを選んでも間違いではありません。最終的には、あなたの好みで決めてしまってＯＫです。

その上で、私からのアドバイスを1つさせていただくと、迷った時は、以下の考え方で決めてみましょう。

- **世界経済全体の成長を取り込みたい ↓「全世界株式」**
- **米国経済の成長に期待し、他の地域に足を引っ張られたくない ↓「S&P500」**

まとめ

全世界株式とS&P500の特徴

項目	全世界株式（MSCI ACWI）	米国株式（S&P500）
投資対象	日本を含む先進国・新興国約47カ国の株式（約2900社）	米国の大型株500社
特徴	・世界の株式市場の時価総額全体の約85%をカバー ・世界経済の成長による恩恵を得られる ・新興国の成長も取り込める	・全世界株より運用成績が高い ・低成長の国には投資していない ・グローバル企業が多いため、新興国の成長も取り込める
注意点	・米国株の割合が6割を占める ・世界分散によるリスク低減効果があるのかは疑問 ・成長率が低い国の影響も受ける	・米国企業への集中投資になる ・米国が今後もずっと好調とは限らない

投資成績の９割は資産配分で決まる！

「結局、全世界株式とS&P500、どっちを選べばいいのかわからない……」

ここまで読んできて、ますます迷ってしまったかもしれません。もちろん、投資において銘柄選びは重要ですが、先ほど述べた通り、全世界株式とS&P500のように特徴が似ている商品の場合、どちらを選ぶかはさほど重要ではありません。

なぜなら、投資成績に最も大きな影響を与えるのは、銘柄選択ではなく「資産配分」だからです。言い換えれば、**全世界株式とS&P500のどちらを選ぶかよりも、資産配分の方がはるかに重要です。**

金融の世界では、**「投資成績の９割は資産配分で決まる」**ということが、広く知られています。

米国の年金基金を対象とした実証研究によると、リターンの反動の９割以上は資産配分で決まっていて、個別銘柄の選択による影響は６％程度に過ぎないとされています。

投資成績の9割は資産配分で決まる

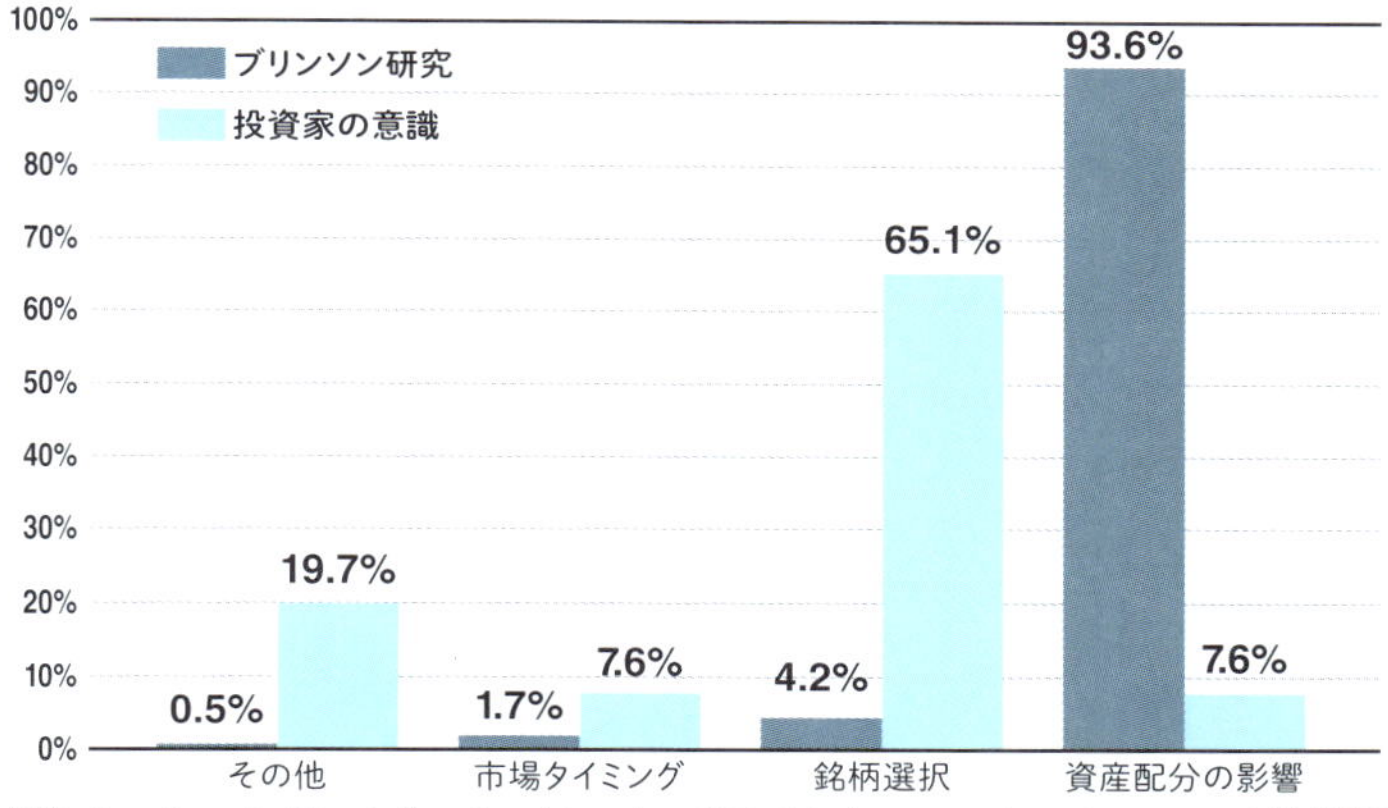

出典：investorpolis「Asset allocation determines 90% of the investment's performance」を著者翻訳

つまり、個別銘柄の選択よりも、株式、債券、不動産など、どの資産クラスに、どれくらいの割合で投資するかの方が長期的な投資リターンに圧倒的に影響を与えるのです。

「資産配分がそんなに重要だなんて、信じられない……」

そう感じた方もいるかもしれません。実際、投資家へのアンケート調査では、「投資成績に最も影響を与える要素は何ですか？」という質問に対して、65・1%の投資家が「銘柄選択」と回答しています。

しかし、実際の運用成績を分析してみると、**銘柄選択の影響はわずか4・2%**であるのに対し、**資産配分の影響はなんと93・6%**にもおよぶという結果が出ています。

つまり、多くの投資家は「銘柄選択」の影響を過大評価し、「資産配分」の重要性を軽視していると言えるでしょう。

私自身も、以前は個別株投資に熱中していました。しかし、資産の多くをインデックスファンドに投資するようになってから、資産配分の重要性は身をもって実感しています。どんなに時間をかけて銘柄分析を行い、将来性のある銘柄を選んだとしても、資産配分を間違えてしまっては、目標とするリターンを得ることは難しいです。

特に、投資初心者の方は、まずは「どの資産に、どれくらいの割合で投資するか」という、資産配分の基本をしっかりと理解することが大切です。

迷ったら「全世界株式」でOK

「資産配分が大切だと言われても、やっぱり銘柄を決めきれないよ……」

そう悩んでしまう方もいるかもしれません。新NISAで投資を始めるにあたって、これまでお伝えしてきたことを含めても、**何に投資すべきか迷ったら、「全世界株式」を選ぶことをおすすめします。**

この考え方は、ノーベル経済学賞を受賞したハリー・マーコウィッツが提唱した「**現代ポートフォリオ理論**」に基づいています。

現代ポートフォリオ理論は、分散投資の重要性を示した金融理論です。簡単に説明すると、「複数の投資先に分散投資することで、リスクを抑えつつ、リターンを最大化できる」という考え方です。

そして、この現代ポートフォリオ理論に基づくと、「最も効率的な投資対象の一つが、全世界株式である」という結論に至ります。

全世界株式への投資が推奨される理由は、以下の通りです。

理由① 分散投資効果の最大化

全世界株式に投資することで、最大限の分散投資効果を得られます。これにより、以下のメリットが期待できます。

- **地理的分散**：世界中のさまざまな国や地域の株式に投資することで、特定の国や地域の経済リスクを分散できる。
- **産業分散**：世界中の多様な産業セクターに投資することで、特定の産業に依存するリスクを軽減できる。
- **通貨分散**：複数の通貨に分散投資することで、為替リスクを分散させることができる。

理由② 世界経済成長の恩恵

全世界株式に投資することで世界全体の経済成長の恩恵を受けることができます。世界のGDPは長期的に成長を続けており、その成長に連動した投資リターンを期待できます。

理由③ 効率的なリスク・リターン特性

現代ポートフォリオ理論では、「市場ポートフォリオ（全ての投資可能資産を時価総額で保有するポートフォリオ）」が、最も効率的なリスク・リターン特性を持つとされています。

そして、**全世界株式は、この市場ポートフォリオに非常に近い投資対象**なのです。

もちろん、全世界株式といえども、価格が大きく変動することや株式市場が不調で低迷することはあります。しかし、新NISAを活用して、これから長く資産形成を続けていく人にとっては、理論に裏付けされた非常に有効な投資対象です。

アメリカ一強時代が終わる可能性もある

それでも、「S&P500の方が成績が良かったなら、そっちの方がいいのでは？」と感じる方もいるかもしれません。近年、米国株式市場は絶好調でしたので、「米国株は最強！」「アメリカ一強の時代は今後も続く！」といった意見を耳にする機会も増えました。

確かに、2024年現在、米国株式市場の時価総額は世界全体の約6割を占めており、圧倒的な存在感を示しています。しかし、少し長いスパンで歴史を振り返ってみると、世界の時価総額における各国の構成比率は、常に変化を続けてきたことがわかります。

例えば、1900年代初頭には、イギリスが世界経済の中心地であり、ロンドン証券取引所が世界最大の株式市場でした。その後、1929年の世界恐慌や第二次世界大戦を経て、アメリカが台頭し始めます。

そして、1990年代後半からのITバブル崩壊や、2008年のリーマンショックなどを経て、現在のようなアメリカ一強の時代が到来しました。

このように、**世界経済の主導権は、時代とともに移り変わっていくものであり、今後もアメリカの優位性が永遠に続くとは限りません。**

実際、近年では、新興国の経済成長が著しく、世界経済における存在感を増しています。これらの国々の経済成長に伴い、将来的には、世界の時価総額に占める新興国株式の割合がさらに高まっていく可能性も十分に考えられます。

バンガード社が発表している「今後10年の株価予測」では、米国株式の成長はやや頭打ちで米国を除いた全世界株式や先進国株式の方がリターンは高くなると予測されています。

もちろん、短期的には米国株式市場が引き続き好調を維持する可能性もあります。

しかし、長期的な視点を持つ投資家であれば、特定の国や地域に偏らず、世界全体に分散投資を行うことの重要性を認識しておくべきでしょう。

特に、若い世代であれば、新NISAを50年以上という超長期で運用することも可能です。50年後、世界がどのような姿になっているのか、正確に予測できる人は誰もいません。

国連の予測によると、世界人口は今後も増加を続け、2084年に約103億人でピー

今後10年間の株価予測（バンガード社）

【2024年7月】

株式	予想リターン	変動幅
米国株	3.2 〜 5.2%	17.0%
米国バリュー株	4.7 〜 6.7%	19.3%
米国グロース株	0.1 〜 2.1%	18.1%
米国大型株	3.0 〜 5.0%	16.7%
米国小型株	4.8 〜 6.8%	22.6%
米国REIT	4.2 〜 6.2%	19.9%
全世界株式（米国除）	6.9 〜 8.9%	18.4%
先進国株式（米国除）	7.0 〜 9.0%	16.8%
新興国株式	5.7 〜 7.7%	26.1%

出典：Vangurd社「Market perspectives August 22, 2024」

クに達する見通しです。それ以降は減少に転じるとはいえ、人口とGDPは相関性があるので、少なくとも今後数十年は成長が続くと予想されています。

さらに、GDPと株価は相関性が高いと言われています。これは、GDPの多くを占める個人消費が活発化することで、企業の業績向上が見込まれるためです。つまり、人口増加とともにGDPも成長し、それによって株価上昇や株式市場の規模拡大が期待されます。

長期的な資産形成を目指すなら、特定の国や企業の将来性を予想することに躍起になるよりも、「全世界株式」を通じて、世界経済全体の成長を取り込んでいく方が、より堅実で、かつ効率的な投資戦略と言えるのではないでしょうか。

世界人口は2084年をピークに減少する見込み

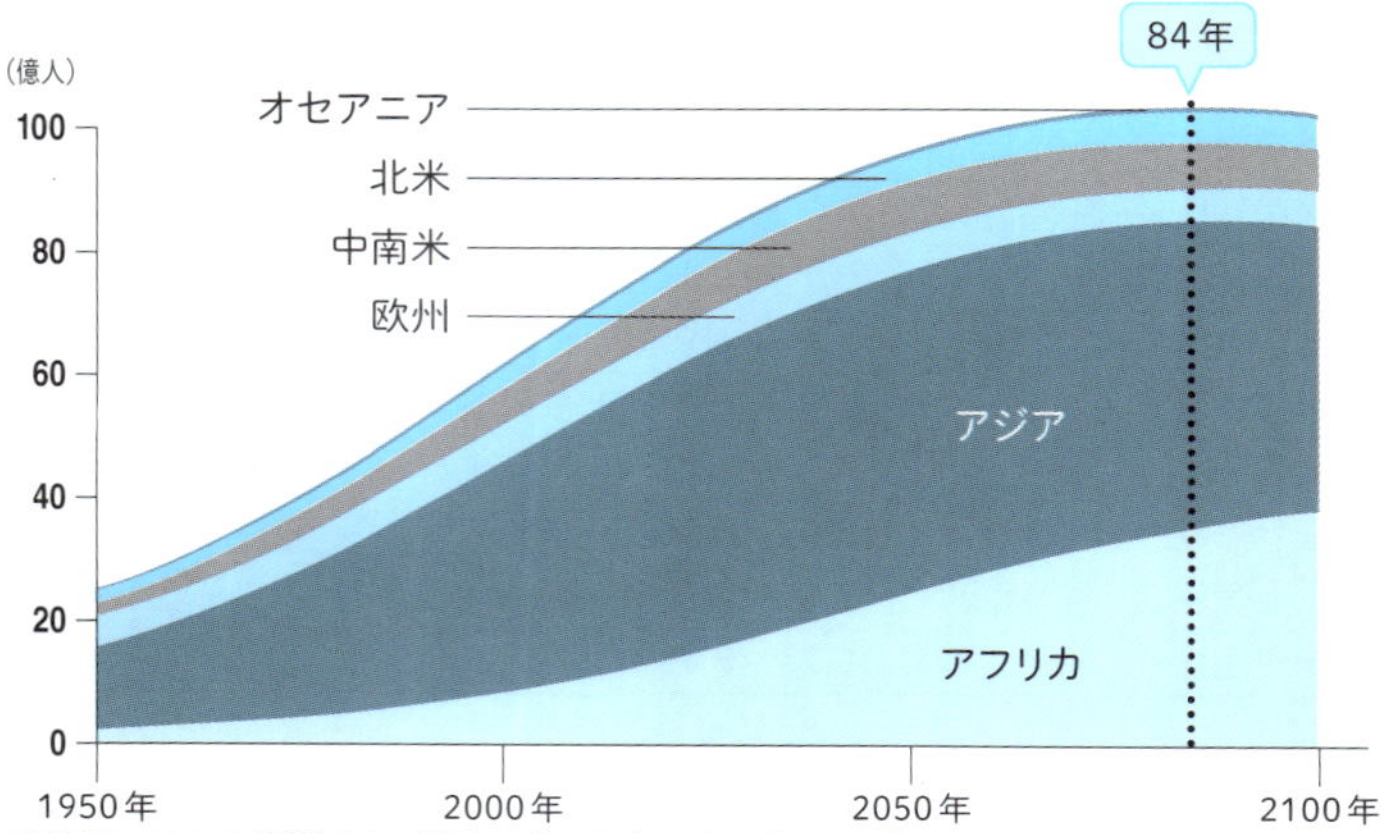

(注)国連の2024年版「世界人口推計」を基に作成。24年以降は予測値

世界のGDPと世界株式の推移

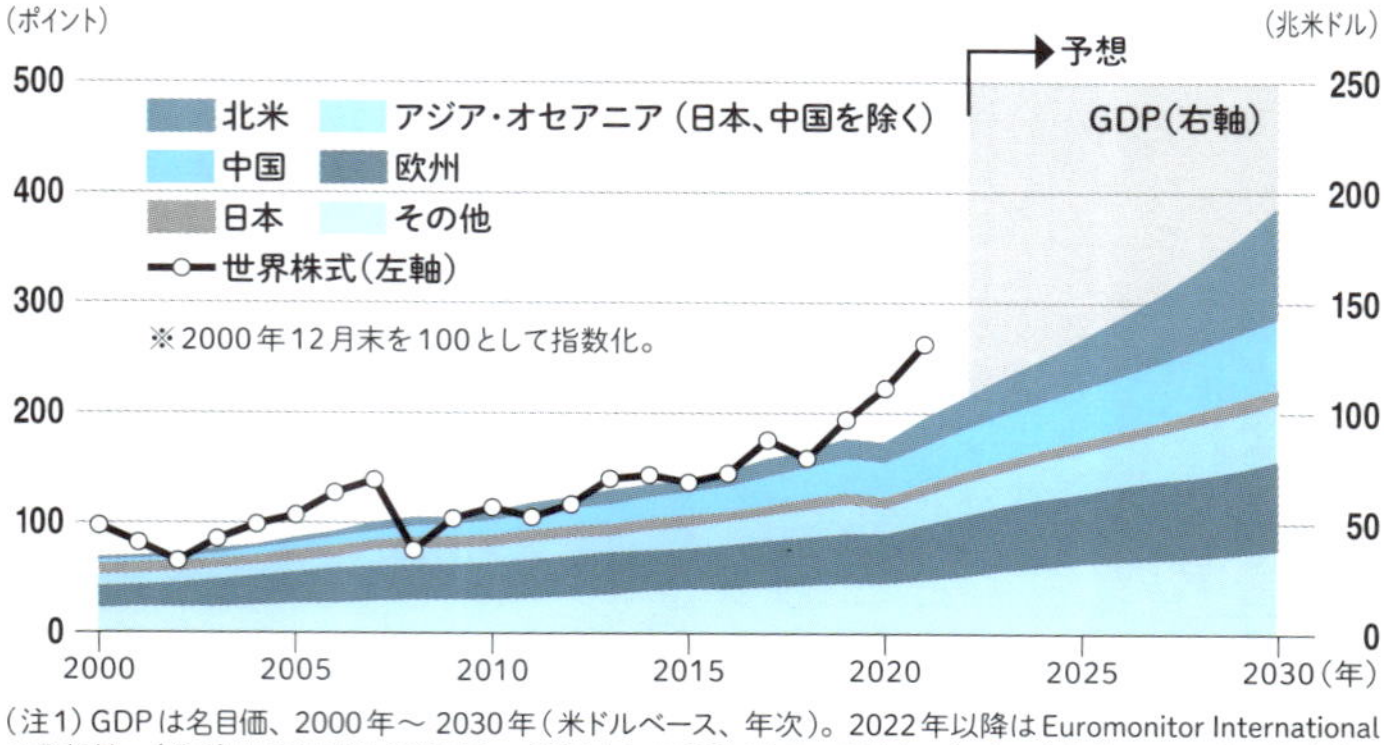

(注1) GDPは名目価、2000年～2030年(米ドルベース、年次)。2022年以降はEuromonitor Internationalの予想値。(注2) 世界株式は2000年～2021年、MSCI ACワールドインデックス(米ドルベース)の年末値

出典:Euromonitor International、Bloombergのデータを基に三井住友DSアセットマネジメント作成の図を一部改変

【結論】「全世界株式＋現金」で始めてみよう！

「なんだか難しそう……。で、結局、私はどうすればいいの？」

少し難しい話が続いたので、ここまでの内容をまとめます。結論、新NISAを始めるなら、**「全世界株式 ＋ 現金」というシンプルな組み合わせからスタートです。**

例えば、投資資金が1000万円あるとします。まずは、半分の500万円を全世界株式に投資し、残りの500万円を現金として保有しておきましょう。もちろん、これはあくまで一例です。年齢や投資目標などに応じて最適な配分は人それぞれ異なります。重要なのは、「自分の状況に合わせて、無理のない範囲で」資産配分を行うことです。

この考え方は、**「トービンの分離定理」**という金融理論に基づいています。トービンの分離定理は、投資家が最適なポートフォリオを構築する上で、重要な概念です。

少し難しく聞こえるかもしれませんが、要するに、

「投資でやるべきことは、リスクとリターンのバランスが良い商品（リスク資産）と、安全資産である現金の配分を決めるだけ」

ということです。そして、リスクとリターンのバランスが良い商品の代表格が、インデッ

クスファンドです。さらに、インデックスファンドの中でも、「全世界株式」が最適であることは、これまで説明してきた通りです。

つまり、**私たちが考えるべきことは、「全世界株式」と「現金」の配分比率だけ**なのです。

- **30代でリスク許容度が高い人→全世界株式7割：現金3割**
- **50代でリスク許容度が普通の人→全世界株式5割：現金5割**
- **70代でリスク許容度が低い人→全世界株式3割：現金7割**

といった具合です。非常にシンプルですよね。しかし、シンプルでありながらも効果が高く、実用性も抜群なので、多くの投資家に支持されています。以上のことから、**投資初心者の方は「全世界株式」＋「現金」の組み合わせをおすすめしています。**

POINT

迷った時はリスクを抑えつつ、リターンを最大化できる「全世界株式」がおすすめ

投資額は「今と将来」どちらも大切にできる金額で設定する

さて、「全世界株式へ投資しよう！」と心が決まったら、次に迷うのが投資額ですよね。

「将来のために、できるだけ多く投資したい！」そう思う一方で、「毎月の生活費が足りなくなったらどうしよう……」という不安もあるかもしれません。

最適な投資額には正解がなく、人によって異なります。

ただ、大切なのは、**「今の生活」と「将来の生活」どちらも大切にできる金額を設定すること**です。

「新NISAは最短で使うべき」という先入観を捨てる

新NISAに関する発信を見ると、投資額について、「年間360万円を5年間続けて、最短で1800万円の投資枠を埋めるのが最適！」といった意見を目にすることがあります。確かに、運用期間を最大化できるので理屈上は最適です。しかし、私は、この意見に流されて無理に大金を投資するのは危険だと考えています。

「年間360万円」という金額は、私たち一般人にとって、決して少なくない金額です。

仮に毎月積立投資をする場合、毎月30万円もの投資が必要になります。十分な収入や資産がある方であれば問題ないかもしれませんが、そうでない方にとっては、大きな負担になってしまうでしょう。

新NISAで成功するために大切なのは、「制度を最大限に活用すること」ではなく、「あなた自身のライフプランに合った、無理のない投資計画を立てること」です。

例えば、次のようなライフイベントを控えている場合は、無理に投資額を増やすのではなく、計画的に資金を準備しておく必要があります。

- **結婚**：結婚式費用や新生活の準備費用など
- **出産・育児**：出産費用や育児費用など
- **住宅購入**：住宅ローンを組む場合、頭金や諸費用など、多額の資金が必要になることも
- **子どもの教育資金**：教育費は、進学先や学習塾の利用状況によって大きく変動する

年代別の貯金額の調査（二人以上世帯）によると、働き盛りの30代の平均貯蓄額は526万円で中央値は200万円。また、退職金が入り資産が増える60代でも、平均貯蓄額は1819万円で中央値は700万円です。

これを見ると、年間360万円もの投資資金を捻出できる人は少なそうですよね。捻出できたとしても、かなり無理をすることになります。

無理な投資は、生活の質を低下させるだけでなく、精神的な負担にもなりかねません。生活を豊かにするために新NISAを始めたのに、投資額を工面するために苦しんでいたら本末転倒です。

「周りに流されず、自分のペースで、無理なく続ける」

これが、新NISAで成功するための最重要ポイントなのです。

年代別の貯金額（平均値・中央値）

【年代別・平均貯金額】

単位:万円

年代	平均値	中央値
20代	214	44
30代	526	200
40代	825	250
50代	1,253	350
60代	1,819	700
70代	1,905	800

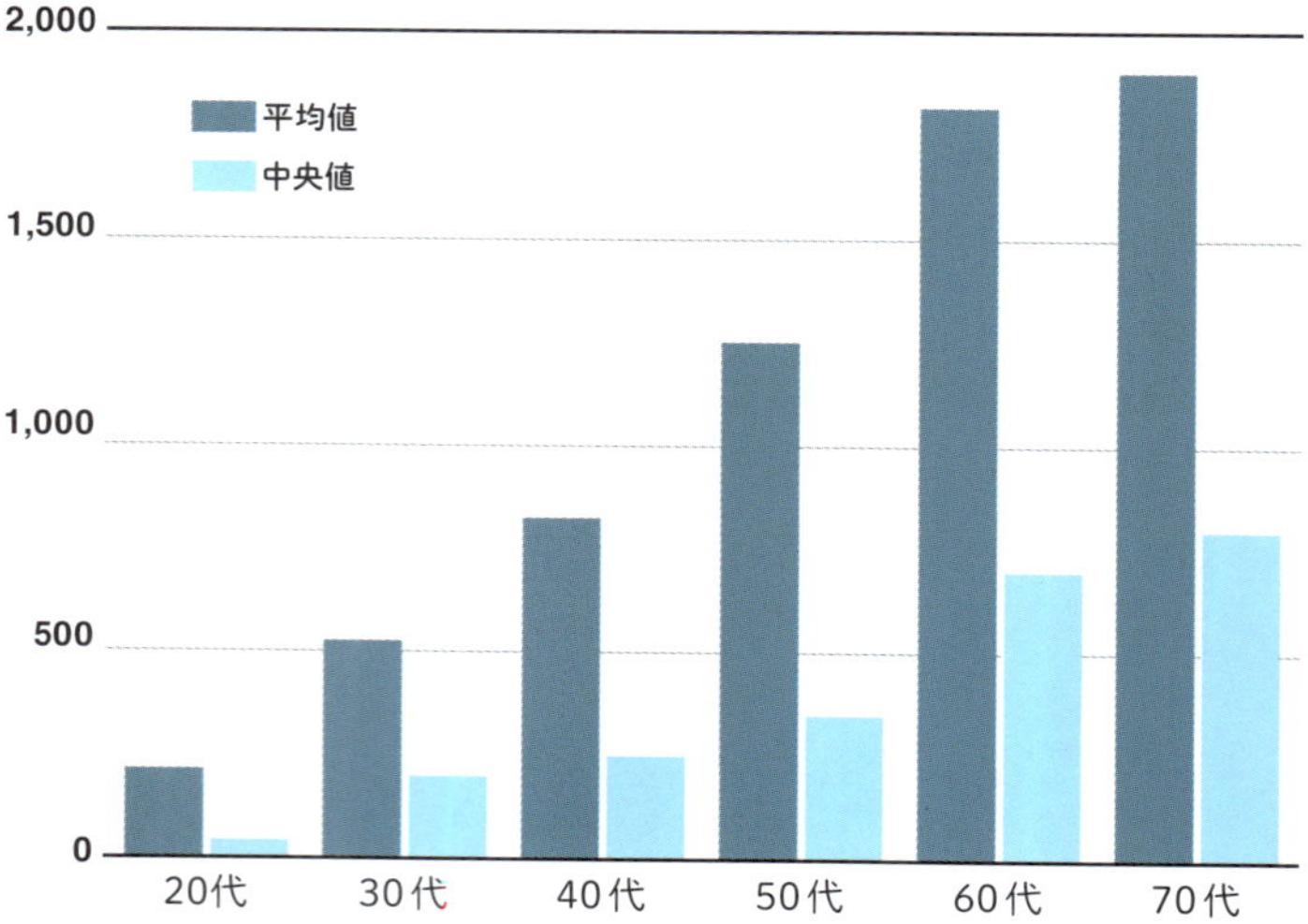

出典:金融広報中央委員会「家計の金融行動に関する世論調査【二人以上世帯】令和4年調査結果」

「ライフプラン」から投資額を逆算する

また、新NISAの投資額を決める際には、「年間いくらまで投資できるか?」という視点ではなく、「将来のために、いくら必要なのか?」という視点を持つことが大切です。

そのためには、少し手間ですが**「ライフプラン(将来の人生設計図)」**を作成しておくとわかりやすいです。

- **いつ結婚したいか?(そもそも結婚するのか?)**
- **子どもは何人ほしいか?(そもそも子どもがほしいのか?)**
- **どんな家に住みたいか?**
- **どんなライフスタイルを送りたいか?(現在・未来)**

など、具体的なイメージを膨らませながら、それぞれのライフイベントに必要な資金を洗い出してみましょう。

例えば、30歳で結婚し、35歳で子どもが生まれ、40歳で住宅を購入する場合、次のペー

ライフイベントに必要な資金の目安

ライフイベント	年齢	費用目安
結婚	30歳	300万円～500万円
出産	35歳	50万円～100万円
住宅購入	40歳	3,000万円～5,000万円
教育費	40歳～	1,000万円～2,000万円
老後資金	65歳～	2,000万円～3,000万円

ジのようなライフイベントと、それぞれにかかる費用の目安が考えられます。

これらのライフイベントに必要な資金を合計すると、「総額で約6000万円～1億円」という金額になります。

もちろん、これらの費用を全て貯蓄だけで賄うのは難しいかもしれません。

住宅ローンを利用したり、教育ローンを借りたり、あるいは老後も働き続けたりと、さまざまな方法を組み合わせる必要があるでしょう。

しかし、重要なのは、「いつまでに、いくら必要なのか」を明確にすることです。

ライフプランを作成したら、そこから逆算して、毎月の貯蓄額や新NISAで投資

すべき金額を検討しましょう。例えば、

- **30歳から60歳までの30年間で老後資金3000万円を貯めたい場合、年率5％のリターンを期待できれば、新NISAで毎月約3・6万円ずつ投資すれば目標を達成できる**
- **3年後に教育資金として300万円が必要な場合は、投資とは別に、年間100万円ずつ貯蓄する必要がある**

このように、「いつまでに、いくら必要なのか」を明確にした上で、それに適した方法を選択することが大切です。

「ファイナンシャル・ウェルビーイング」を意識した幸せな資産形成

「でも、お金があるならなるべく多く投資した方がいいのでは？」

こう考える人もいると思いますので、投資額を考える際に、私が大事だと思っている考え方をお伝えします。

投資や資産形成というと、どうしても「将来のお金の不安を解消したい！」「少しでも多くのお金を貯めたい！」という気持ちに意識が向きがちです。

しかし、**本当に大切なのは、「お金の不安なく、心豊かに、幸せに暮らせること」**ではないでしょうか。

近年、金融の世界で注目されている**「ファイナンシャル・ウェルビーイング（ＦＷＢ）」**という考え方があります。これは、「経済的な安心感を持ち、人生を楽しむための選択ができる状態」を指す概念です。

世界保健機関（ＷＨＯ）憲章では、「健康」の状態を表す言葉として「ウェルビーイング」という言葉が使われています。これは「満たされた状態」を意味し、近年では「幸福」や「幸せ」と訳されることも多い言葉です。

この「ウェルビーイング（ＷＢ）」に、「経済的」「お金に関する」という意味の「ファイナンシャル」を組み合わせることで、「ファイナンシャル・ウェルビーイング（ＦＷＢ）」という言葉が生まれました。

ファイナンシャル・ウェルビーイングを高めるには？

ＦＷＢは、単にお金を持っているか、あるいは収入が多いかということだけで決まるわけではありません。

むしろ、「自分はお金に困っていない」という安心感や、「お金のおかげで、やりたいことができる」という満足感の方が重要視されます。

例えば、世帯年収や金融資産額が多い人でも、将来への不安が大きかったり、お金の使い方がわからず悩んでいたりする人は少なくありません。

一方で、収入はそれほど多くなくても、毎月の収支をしっかり管理し、無駄な支出を抑えることで、経済的なゆとりを感じ、充実した生活を送っている人もいます。

また、さまざまな調査や研究から、**ＦＷＢが高い人ほど、幸福度も高い傾向があること**が明らかになっています。

では、ＦＷＢを高めるためには、具体的にどうすればいいかというと、少し哲学的な話になりますが、「足るを知る」ことが大切です。

もちろん、上を目指すことは素晴らしいことですが、「もっともっと」と際限なくお金を追い求めても、キリがありません。

現状を冷静に見つめ、自分にとって本当に必要な金額はいくらかを考え、無理のない資産形成プランを立てる。そして、「ほどよく満たされた」と感じながら日々を過ごす。これが、真の幸せにつながるのではないでしょうか？

具体的には、以下の４つの要素を主観的にできていると感じるほどＦＷＢは向上します。

- **現在の経済的な備え**：月々や日々の家計をコントロールできているか？　不意の経済的ショック（病気、ケガ、収入の途絶など）にも対応できるだけの貯蓄はあるか？
- **将来の経済的な備え**：将来の経済的な目標を達成するための計画があり、順調に進んでいる実感はあるか？
- **現在の選択の自由**：人生を楽しむための経済的な自由度が確保されているか？
- **将来の選択の自由**：将来、自分のやりたいことを実現するための経済的な基盤はあるか？

つまり、「今の生活」を充実させながら、「将来の生活」に対しても準備を進める。この両方ができると、主観的な経済的ゆとり感を実感でき、FWBが向上します。

「今」と「未来」のバランスを大切に

我が家も資産形成においてこのバランスを大切にしています。

新NISAやiDeCoなど、将来に向けた資産形成は積極的に行いつつも、必要以上にお金を投資に回すことはしていません。むしろ、家族旅行や子育て、趣味、友人との付き合いなど、今の生活を充実させるためにお金を使うことを意識しています。

この思いが強くなったのは、数年前に仲の良かった先輩が突然の病で亡くなったことがきっかけでした。

まだ30代前半で、いつでも会える、これからも一緒に遊べる、そう当然のように思っていたので、あまりにも大きなショックで頭は真っ白になりました。

「え、嘘でしょ……?」戸惑いと悲しみに暮れる中で、改めて「人生の有限さ」を痛感しました。

それまでは、FIREを目指して一心不乱に資産形成に励んでいました。

しかし、この経験を機に、今この瞬間を大切に生きること、そして、「今」と「未来」のバランスを考えることの大切さを、改めて認識するようになったのです。

新NISAで投資をする際にも、このファイナンシャル・ウェルビーイングの視点は非常に重要です。

無理な投資によって今の生活を極端に我慢してしまっては、かえって心の余裕を失い、ストレスを抱えてしまうかもしれません。

新NISAは、私たちに豊かな未来をもたらすための有効な手段です。

しかし、あくまでも「幸せな人生を送るため」のツールの一つに過ぎません。

無理のない範囲で、新NISAを賢く活用し、「今も将来も幸福度の高い資産形成」を目指しましょう！

POINT

「将来のためにいくら必要なのか？」だけではなく、「今」と「未来」のバランスを考えるという視点を持ってライフプランを作成する

3章

「逆算ほったらかし」新NISA投資術 STEP2

目標資産額に到達するまで運用を続ける

新NISAで投資を始めたら、次は何をすればいいでしょうか。
結論から言うと、「目標資産額に到達するまで、ひたすら運用を続ける」これだけでOKです。

「え、それだけ？　何か特別なことをしなくていいの？」

そう思った方もいるかもしれません。しかし、これが新NISAで成功するための最大の秘訣です。

余計なことをすればするほど、資産を減らすリスクが高まります。

「何か特別なことをしないといけないんじゃないか……」という焦りこそが、投資初心者が陥りやすい罠です。

この章では、なぜ「淡々と投資を続けること」が重要なのか、その理由を具体的なデータと事例を交えながら解説していきます。

積立額別の運用シミュレーション結果から見える真実

まずは、積立投資をコツコツと続けることで、どれだけの資産が形成できるのか、具体的なシミュレーション結果を見ていきましょう。

【シミュレーションの条件】

- **年利5%で運用**：全世界株式インデックスファンドへの投資を想定し、過去30年間の平均リターン（7・51%）を参考に現実的な年率5%で計算しています。
- **投資額は最大1800万円**：新NISAの投資枠上限である1800万円まで投資し、その後は追加投資せず、運用のみを続けます。

【シミュレーション結果】

シミュレーションの結果は、次のページの表をご覧ください。毎月の積立額と運用年数に応じて、将来どれくらいの資産になるのかが一目でわかります。

新NISA積立金額別の運用結果

	積立額（万円）		運用利回り	新NISA消費年数	運用年数と運用結果									
	月間	年間			5年	10年	15年	20年	25年	30年	35年	40年	45年	50年
投資金額	1	12	5.0%	150年	68	155	265	407	588	818	1,113	1,488	1,968	2,579
	3	36	5.0%	50年	204	466	802	1,233	1,786	2,497	3,408	4,578	6,079	8,006
	5	60	5.0%	30年	340	776	1,336	2,055	2,978	4,162	5,340	6,853	8,795	11,287
	10	120	5.0%	15年	680	1,553	2,673	3,430	4,402	5,650	7,251	9,305	11,942	15,326
	15	180	5.0%	10年	1,020	2,329	2,977	3,851	4,943	6,344	8,141	10,448	13,409	17,138
	20	240	5.0%	7.5年	1,360	2,467	3,167	4,064	5,200	6,720	8,625	11,024	14,147	18,156
	25	300	5.0%	6年	1,700	2,567	3,295	4,211	5,404	6,935	8,900	11,422	14,659	18,812
	30	360	5.0%	5年	2,040	2,618	3,360	4,312	5,534	7,102	9,114	11,697	15,011	19,265

単位：万円

■は5000万円を超えた部分
■は1億円を超えた部分

簡単に表の説明をします。

- **縦軸は毎月の積立額（1万円〜30万円）、横軸は運用年数（5年〜50年）**
- **青色の部分は5000万円以上、水色の部分は1億円以上**
- **「新NISA消費年数」は、新NISAの投資枠1800万円を使い切るまでの年数**

例えば、月10万円（年間120万円）を積立投資した場合、15年で新NISAの投資枠を使い切り、その後は追加投資せずに運用を継続します。その場合の、運用年数ごとの結果はこちらです。

- **15年後：約2673万円**
- **20年後：約3430万円**
- **30年後：約5650万円**

もちろん、このシミュレーションは、将来の運用成果を保証するものではありませんが、早めに積立を始め、長く続けるほど、複利効果によって資産は大きく成長することが期待できます。

積立額は月30万円にこだわる必要なし

シミュレーション結果を見て、「積立額が多いほど有利なのはわかるけど、月30万円なんて無理……」と感じた人もいるかもしれません。

確かに、年間360万円（月30万円）を投資できれば、最短5年で新NISAの投資枠をフル活用でき、運用年数も最大化されるので、理屈上は最も効率的です。

しかし、**私は無理をしてまで月30万円にこだわる必要はないと考えています。**

なぜなら、長期運用を前提に考えると、月20万円〜月30万円ではそこまで大きな差にはならず、月20万円でも十分に大きな資産を築くことが可能だからです。

先ほどの表を見てみましょう。月20万円を積立すると、

- **10年後：約2467万円**

- **20年後：約4064万円**
- **30年後：約6720万円**
- **40年後：約1億1024万円**

となります。水色と青色の網掛けを見ればわかる通り、5000万円、1億円といった目標額到達時期は、月25万円、30万円とほぼ変わりません。

これは、月20万円でも7・5年で新NISAの投資枠を使い切ることができ、月30万円と比べて、投資枠をフル活用できる期間の差がわずか1〜2・5年しかないためです。

もちろん、少しでも早く投資枠を埋めた方が有利ですが、20年、30年という長期運用においては、その影響はわずかなのです。

以上の点を踏まえて、先ほどの図を次のページに改めて掲載してみましたので、もう一度、じっくりと見てみてください。

他の誰でもない、「あなたに」必要な投資金額が見えてきませんか？

新NISA積立金額別の運用結果

	積立額（万円）		運用利回り	新NISA消費年数	運用年数と運用結果									
	月間	年間			5年	10年	15年	20年	25年	30年	35年	40年	45年	50年
投資金額	1	12	5.0%	150年	68	155	265	407	588	818	1,113	1,488	1,968	2,579
	3	36	5.0%	50年	204	466	802	1,233	1,786	2,497	3,408	4,578	6,079	8,006
	5	60	5.0%	30年	340	776	1,336	2,055	2,978	4,162	5,340	6,853	8,795	11,287
	10	120	5.0%	15年	680	1,553	2,673	3,430	4,402	5,650	7,251	9,305	11,942	15,326
	15	180	5.0%	10年	1,020	2,329	2,977	3,851	4,943	6,344	8,141	10,448	13,409	17,138
	20	240	5.0%	7.5年	1,360	2,467	3,167	4,064	5,200	6,720	8,625	11,024	14,147	18,156
	25	300	5.0%	6年	1,700	2,567	3,295	4,211	5,404	6,935	8,900	11,422	14,659	18,812
	30	360	5.0%	5年	2,040	2,618	3,360	4,312	5,534	7,102	9,114	11,697	15,011	19,265

単位：万円

■は5000万円を超えた部分
■は1億円を超えた部分

「月10万円の差」は毎日の生活を大きく変える

一方、月20万円と月30万円では、毎月の積立額に10万円もの差があります。少しイメージしていただきたいのですが、月10万円が手元にあれば色々なことができますよね。

- **家族旅行を楽しむ**
- **子どもの習い事を増やす**
- **自分も新しい習い事や趣味を楽しむ**
- **スーパーでちょっといい惣菜を買う**

これらは一例ですが、毎月の投資額を確保するために、無理をする必要がなくなります。であれば、無理して月30万円の投資にこだわる必要はないと思いませんか。

先ほどの章でもお伝えしましたが、将来のために我慢するだけでなく、今を豊かに過ごすことも大切です。

つらい我慢を強いられる資産形成は長続きしません。

「今」と「将来」のバランスを大切にした無理のない積立額を設定し、心から楽しめる資産形成を目指しましょう。

月1万円でも投資できれば超優秀！

「月10万円や20万円の積立なんて、自分には無理……」


大きな金額の話が続いたので、そう感じている方もいるかもしれません。

ただ、ご安心いただきたいのですが、月1万円でも投資を始めることができたなら、それだけで本当に素晴らしいです。

「たった1万円で……？　本当に？」と冗談に思うかもしれませんが、これは真面目に言っています。

なぜなら、1万円でも、1000円でも、100円でも、投資を「始める」という第一歩を踏み出せたこと自体が、すでに大きな成果だからです。

NISA口座を持っている人は意外と少ない

口座数	時系列データ（2024年）					前年との比較	
（単位：万件）	2024年1月	2024年2月	2024年3月	2024年4月	2024年5月	前年	前年比
月中口座開設件数	73	53	44	27	27	5月単月 16	1.7倍
年初来累計	73	126	170	197	224	1～5月累計 85	2.6倍
NISA口座数（末残）	1,355	1,409	1,454	1,476	1,501	5月末 1,140	1.3倍

出典：日本証券業協会「NISA口座の開設・利用状況（証券会社10社・2024年５月末時点）」

というのも、**NISA口座を持っている人の中でも、実際に投資をしている人は少ないという事実があります。**

上の図は2024年1月～5月の主要証券会社10社のNISA口座数の推移です。

2024年5月末時点では1501万口座、その他金融機関を合わせても約2400万口座でした。

多そうに見えますが、日本の成人人口は約7500万人ですので、3～4人に1人しか開設していません。

これだけ「すごい制度だ！」と騒がれているのに、この結果は寂しいですよね。

しかも、実はNISA口座については、開設しても2割～4割の人が使っていない

NISA口座開設後、使っていない人は多い

NISA種類	一般NISA口座開設者		つみたてNISA口座開設者	
基本属性	サンプル数	非稼働率	サンプル数	非稼働率
全体	**950**	**39.8%**	**550**	**22.2%**
男性	**704**	**41.5%**	**360**	**22.2%**
女性	**246**	**35.0%**	**190**	**22.1%**
30代以下	**182**	**35.7%**	**96**	**29.2%**
40代	**270**	**43.3%**	**153**	**21.6%**
50代	**274**	**40.9%**	**156**	**21.2%**
60代以上	**224**	**37.5%**	**145**	**19.3%**

出典：公益財団法人日本証券経済研究所
「少額投資非課税制度（通称NISA）口座の非稼働の要因分析」（『証券経済研究第118号』）

と言われています。

上の図は2023年までの一般NISAとつみたてNISAの非稼働率、つまりNISA口座を作ったけれど使っていない人の割合です。

これによると、全体では一般NISAで39・8％、つみたてNISAで22・2％の口座が非稼働でした。

ほしいものがあった時に、買って満足するのと同じくNISA口座も「作ったこと」だけで満足している人が多いのかもしれません。

ですので、新NISA口座を開設して、少額でもいいからちゃんと使っているだけで、本当に優秀なんです。

特に昨今は荒れ相場が続いていて、始めるのにも躊躇してしまいます。

積立投資なら開始タイミングを考える必要はないのですが、初心者が最初からそれを理解するのは難しいです。

その不安がある中で、新NISA口座を開設してちゃんと投資できる人は本当にすごいので、金額の多い少ないは気にせず投資を始めることに自信を持って大丈夫です！

POINT

積立額は「月30万円」にこだわる必要なし！まずは金額に関係なく「始めること」が最重要

新NISA成功の秘訣は「余計なことをしない」こと

さて、新NISAの投資シミュレーションをお話ししました。

しかし、肝に銘じなければいけないことは、続けられなければ「絵に描いた餅」で終わってしまうということです。

新NISAでの投資を成功させる秘訣、それは「余計なことをしない」こと。

一見簡単そうに見えるこのルールを、実は多くの個人投資家は守れません。

実際、多くの個人投資家は余計な行動を取ることで、市場平均を下回る成績になってしまう人が多いと言われています。

その大きな理由は、「感情をコントロールできない」ためです。

ウォーレン・バフェットの育ての親で、バリュー株投資の父として知られるベンジャミン・グレアムも、**「自分の感情をコントロールできない人間は、投資で利益を得るには不向きだ」**と述べています。

皆さんは「稲妻が輝く瞬間」という言葉を聞いたことがあるでしょうか。「稲妻が輝く瞬間」とは、株式市場における急激な上昇局面を指す比喩的な表現です。この概念は、チャールズ・エリスの名著『敗者のゲーム』（鹿毛雄二、鹿毛房子・訳、日本経済新聞出版）で紹介された投資の重要な教訓を表しています。

この表現が意味するところは以下の通りです。

- **予測困難な急上昇**：市場の急激な上昇は予測が非常に難しく、突然発生する
- **長期リターンへの重大な影響**：「稲妻が輝く瞬間」に市場に投資していることが、長期的な投資リターンに大きな影響を与える
- **タイミング投資の危険性**：市場のタイミングを図ることは非常に難しく危険が伴う
- **継続的な投資の重要性**：「稲妻が輝く瞬間」を逃さないためには、常に市場に投資し続けることが重要

実際に、過去のデータからも、「何もしないこと」の重要性が証明されています。S&P500の1980年から2016年までのリターンは**11.4%**でしたが、

投資タイミングを図るとリターンに悪影響が出る

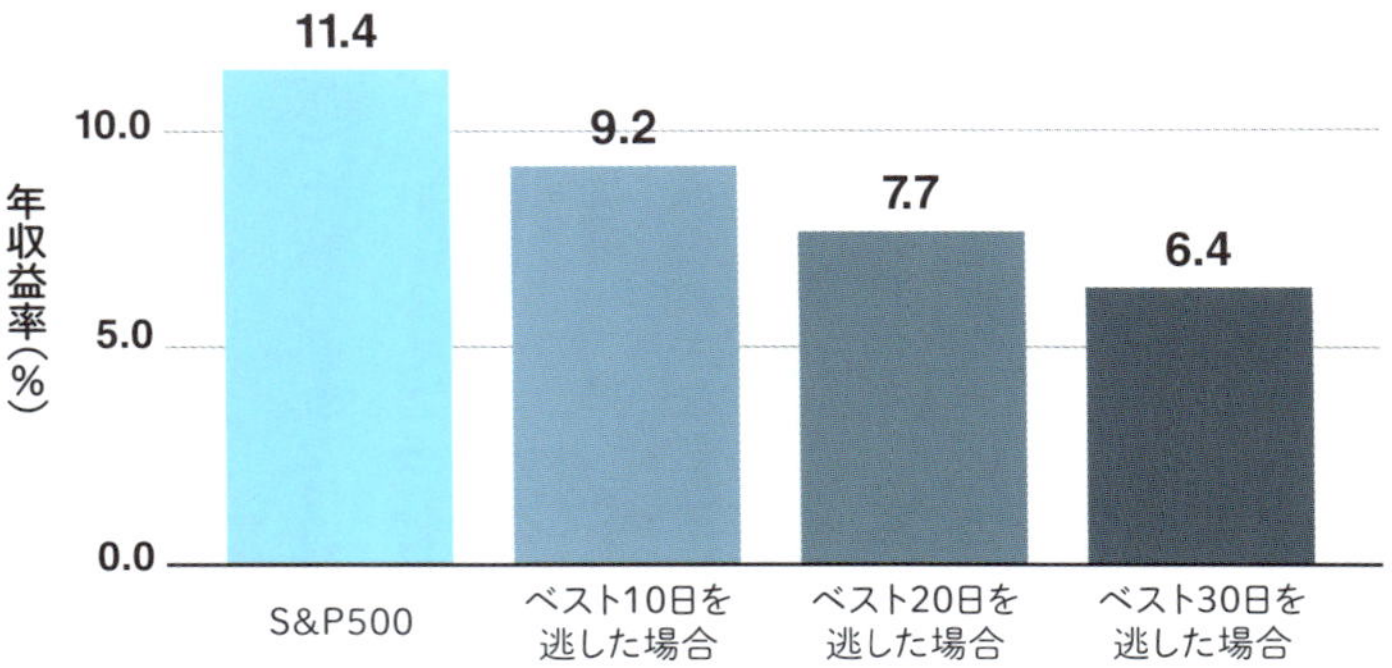

出典:日本経済新聞出版『敗者のゲーム』チャールズ・エリス著

・ベスト10日を逃すと↓**9・2%**
・ベスト20日を逃すと↓**7・7%**
・ベスト30日を逃すと↓**6・4%**

にまで低下してしまいます。わずか数日の上昇を逃しただけで、投資リターンにこれほどの差が出てしまうのです。

では、全世界株式の場合はどうでしょうか？

全世界株式に「**投資し続けた場合**」と「**株価が最も上昇した5日間に投資をしなかった場合**」を比較したシミュレーションによると、2004年6月を100とした場合、2024年6月の資産額は、

・投資し続けた場合↓**約７００（７倍）**
・最も上昇した５日間を逃した場合↓**約４５０（４・５倍）**

という結果になりました。株価が最も上昇した５日間は、市場の混乱による下落から急速に値を戻した日でした。

つまり、暴落に焦って売却してしまった人は、大きなリターンを得るチャンスを逃してしまったのです。

この結果は、投資家心理がパフォーマンスに与える影響の大きさを示すとともに、「何もしないこと」の重要性を如実に物語っています。

新ＮＩＳＡの長期投資においても、これは同様です。

むしろ、長期投資であるほど、複利効果が働く期間が長くなるため、余計な行動による悪影響は大きくなってしまいます。

大きなリターンを得られたのは「何もしなかった人」

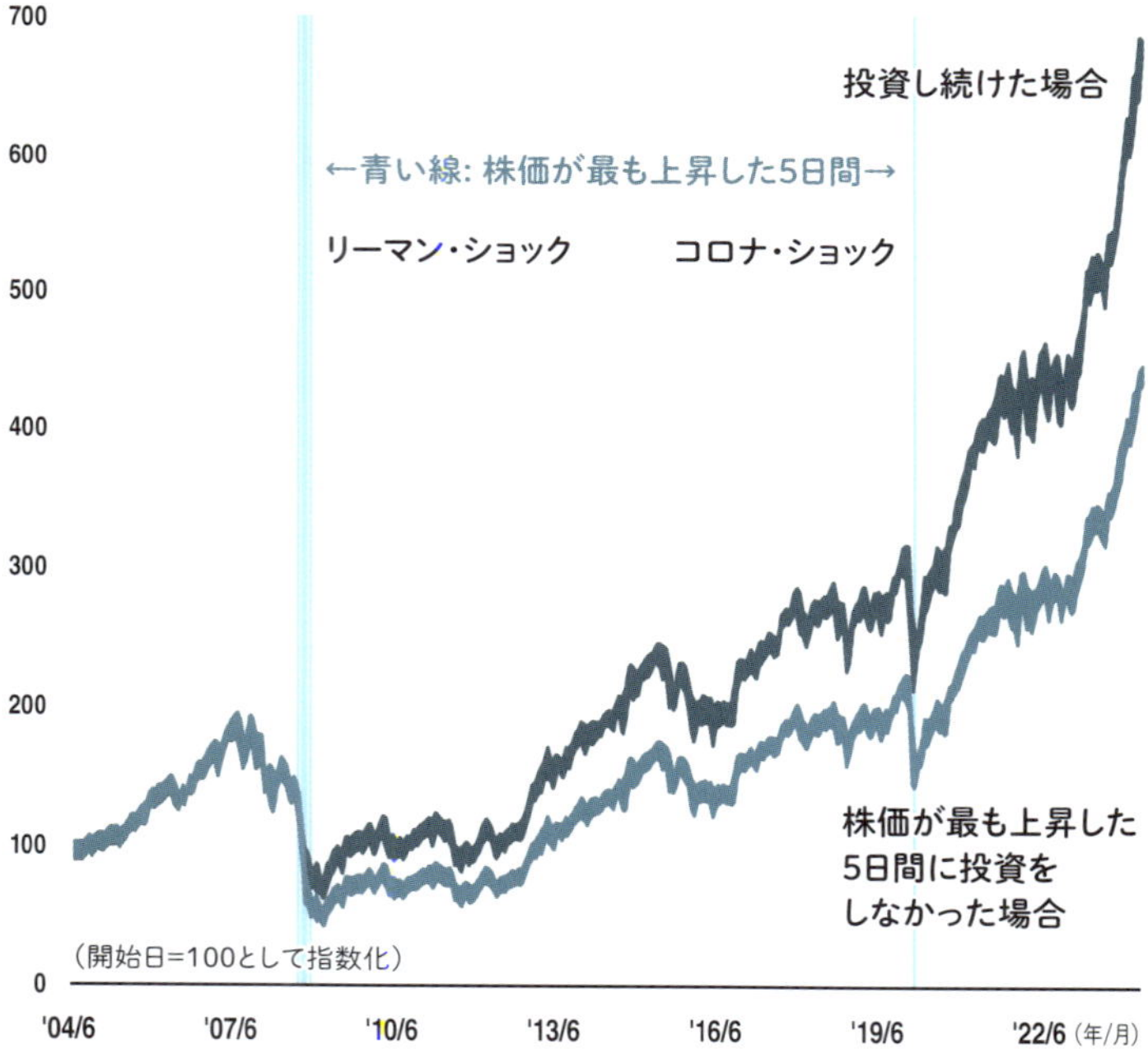

※上記はシミュレーションであり、実際の運用とは異なります。計測期間が異なる場合は、結果も異なる点にご注意ください

出典：三菱UFJアセットマネジメント「eMAXIS Slim 全世界株式（オール・カントリー）足下の当ファンドの基準価額下落について」

短期的な値動きに一喜一憂せず、市場のノイズに惑わされず、冷静に、そして淡々と積立投資を続けること。

これが、新NISAで成功するための、最もシンプルでありながら、最も強力な戦略なのです。

多くの人は3年以内に投資をやめてしまう

これまで、新NISAで長期投資を成功させるためには、「余計なことをせず、淡々と積立投資を続けること」が重要だとお伝えしてきました。

しかし、「言うは易く行うは難し」です。

投資信託の保有期間に関する調査によると、**多くの人が3年以内に投資をやめてしまうという結果が出ています。**

「ほったらかし投資でお金が増えるなら、簡単すぎるんじゃないの？」

そう思っている方も、実際に経験してみると、その難しさに直面するかもしれません。

投資信託の平均保有期間は意外と短い

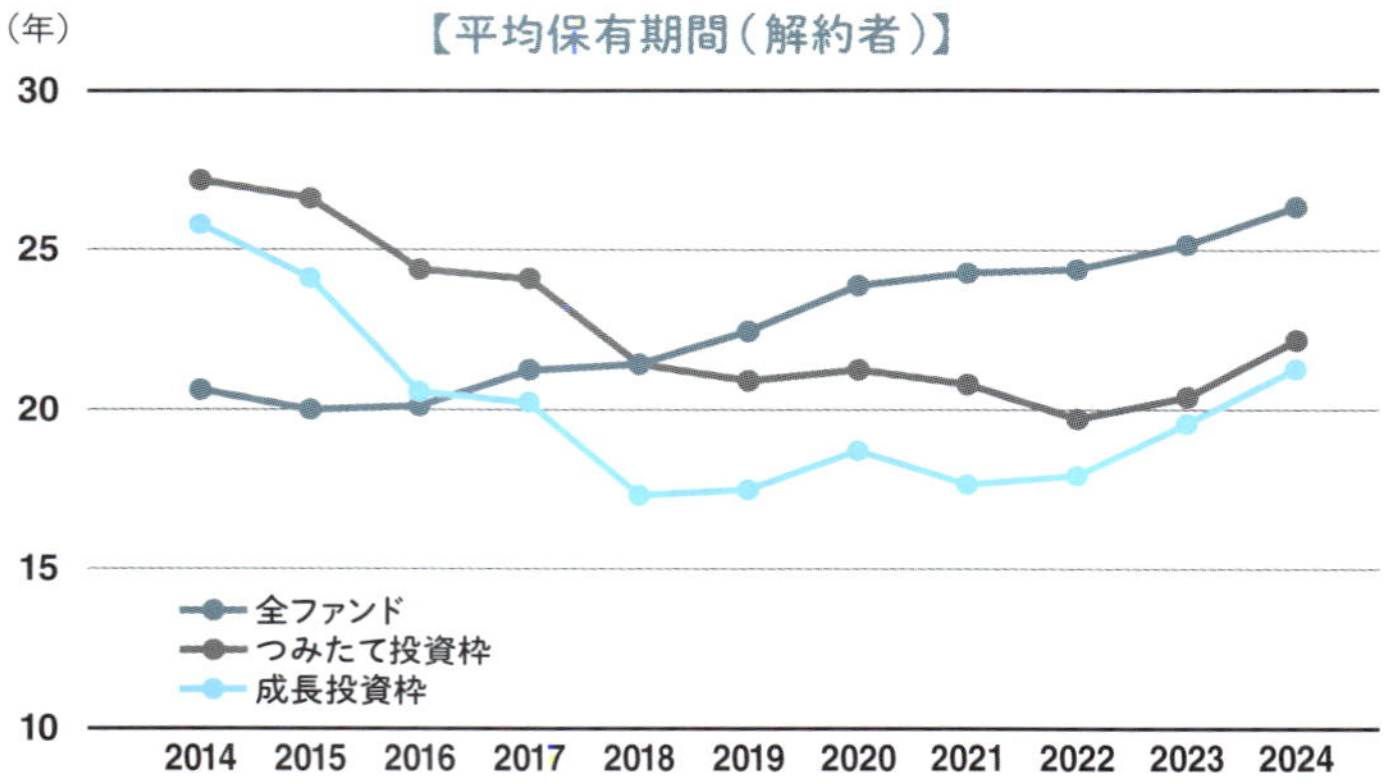

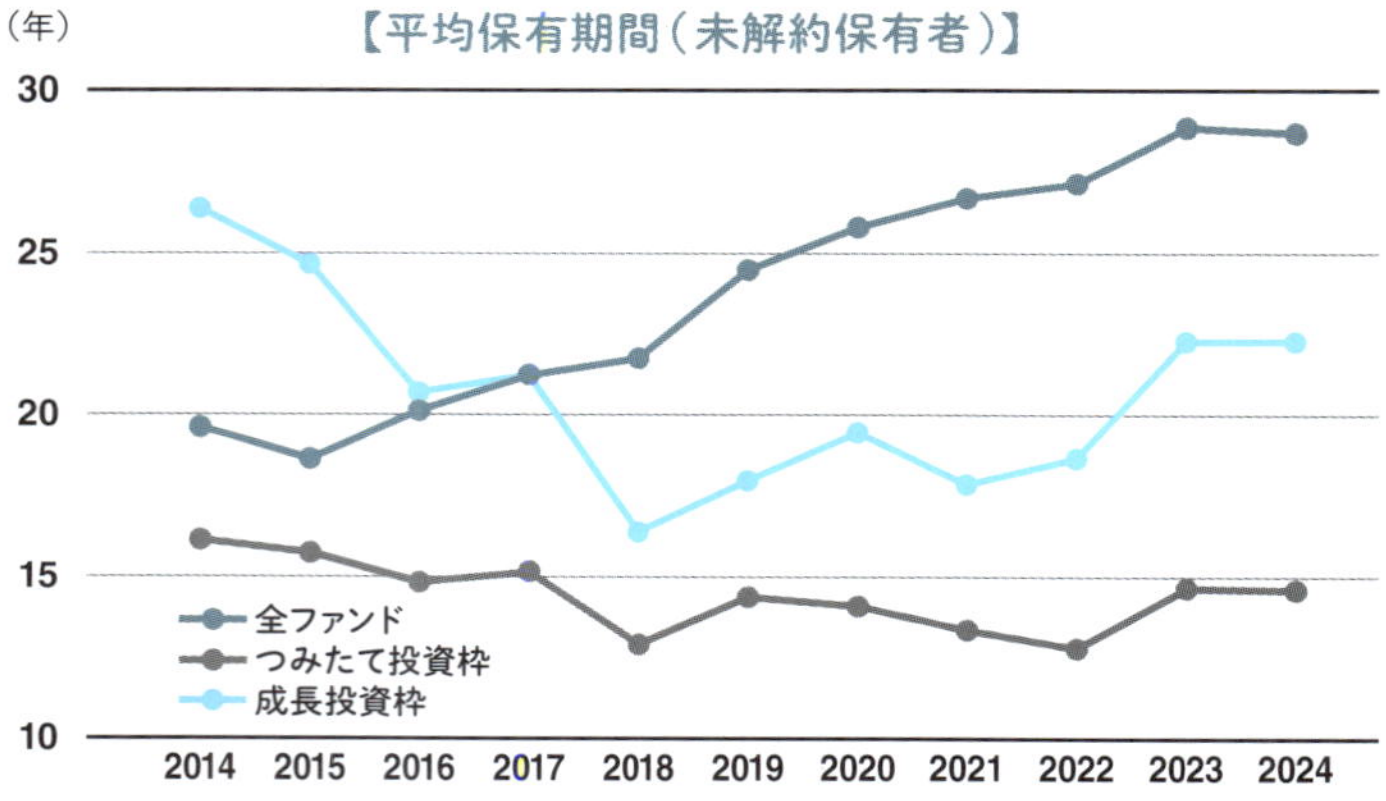

（注）QUICK資産運用研究所調べ。各年3月末時点。集計対象は国内籍の追加型株式投信、ETFおよびブルベア型やマネープールは除く。成長投資枠はつみたて投資枠との共通ファンドを除く。

なぜなら、投資の世界は常に変化し続けており、さまざまな情報が飛び交い、私たちの感情は常に揺さぶられ続けているからです。

その誘惑に負けず、目標達成まで投資信託を「握りしめ続ける」強い意志を持つこと。

これが、長期投資を成功させるために必要不可欠な要素です。

少額で個別株投資を試すのはアリ!

ここまで読んで、「インデックス投資は魅力的だけど、個別株投資も気になる……」と感じている人もいるかもしれません。

もしもあなたが少しでも個別株投資に興味を持っているのなら、一度、少額で試してみることをおすすめします。

「でも、個別株投資ってリスクが高いんでしょ?」

確かに、個別株投資は、インデックス投資と比べてリスクが高い投資手法です。

しかし、だからと言って、頭ごなしに否定するのではなく、少額で経験しておくことには、大きなメリットがあります。

それは、個別株投資の難しさを、身をもって体験できるという点です。
実際に個別株投資を経験してみると、

・企業の分析や財務諸表を読み解くことの難しさ
・日々の株価の値動きに一喜一憂してしまう精神的な負担
・売買タイミングを見極めることの難しさ

などを、身をもって実感できるはずです。そして、これらの経験を通して、

・インデックス投資が、いかにシンプルで効率的な投資手法なのか
・長期的な視点で、淡々と積立投資を続けることの大切さ

をより深く理解できるようになります。

例えるなら、停電で電気が使えない生活を経験することで、普段の電気のある生活のありがたみを知るようになる、といったところでしょうか。

少し荒療治かもしれませんが、少額の個別株投資は、あなたの「**投資の握力**」を鍛え、長期投資を成功に導くための貴重な経験となるはずです。

ただし、あくまで「**少額**」であることが重要です。

「少額」の定義は人それぞれですが、個人的には資産全体の1割程度が良いでしょう。

例えば、資産が１０００万円の人であれば、１００万円程度を目安に考えてみてください。

このくらいの金額であれば、仮に大きく損失を出してしまっても、資産全体への影響は限定的です。しかし、そこから得られる経験値は、あなたの投資家としてのスキルを大きく向上させてくれるはずです。もしも個別株投資に興味があるのであれば、心がざわつかない程度の、無理のない金額で試してみて、個別株投資の面白さや難しさを、実際に体験してみるのも良いと思います。

POINT

新NISAの最強戦略「短期的な値動きや市場のノイズに惑わされず淡々と積立投資を続ける」

「コア・サテライト投資」で趣味としての投資も楽しめる！

ちなみに、インデックス投資をメインとしつつ、サブで個別株投資などの好きな投資をする手法は「**コア・サテライト投資**」といい、ちゃんとした投資戦略としてあります。

「コア・サテライト投資」とは、その名の通り投資を、

- **コア（核）となる部分**
- **サテライト（衛星）となる部分**

に分け、それぞれ異なる役割を持たせる投資戦略です。

【コア部分】

資産の大部分を占め、長期的な資産形成を担います。リスクを抑えつつ、安定的なリ

ターンを目指します。具体的な投資対象としては、これまで紹介してきた、全世界株式やS&P500などのインデックスファンドが最適です。

【サテライト部分】

資産の一部で、リスクを取りながら、高いリターンを狙います。個別株投資、アクティブファンド、テーマ型投資信託など、自分が「面白そう」「応援したい」と思える投資先に投資してみましょう。

例えば、資産全体の9割を「コア」として全世界株式インデックスファンドに投資し、残りの1割を「サテライト」として、興味のある個別株やテーマ型投資信託に投資する、といった方法が考えられます。

「サテライト」部分は、あくまで投資を楽しむための「遊び」と割り切り、投資額には上限を設けるなど、マイルールを決めるといいでしょう。

●ぱすたお家の「コア・サテライト投資」

参考までに、我が家の「コア・サテライト投資」の実践例をご紹介します。

【余剰資金は全て投資】

生活防衛資金として1000万円を残し、それを超えた分は全て投資に回しています。

【コア（運用資産の約9割）】：投資信託（全世界株式、S&P500）

新NISA：楽天オルカン（全世界株式）に年間360万円を投資し、iDeCoにも毎月2・3万円を積立。税制優遇がある制度を優先的に活用しています。

【サテライト（運用資産の約1割）】：特定口座で好き勝手に投資

サテライト枠では、株主優待銘柄、グロース株、レバレッジETFなど、自分の興味関心に基づいた投資を楽しんでいます。好奇心が強いので、どうしても色々な投資に手を出したくなってしまうんですよね（笑）。

正直なところ、「コア・サテライト投資」のサテライト部分は、ミーハーな気持ちや、ちょっと危ない橋を渡ってみたくなるような、投資家なら誰しもが持っているであろう「スケベ心」を満たすための投資、というのが正しいかもしれません。

「コア・サテライト投資」で、投資をもっと楽しく！

「コア・サテライト投資」を実践することで、堅実な資産形成を続けながら、投資そのものを楽しむことができます。

ただし、あらかじめお伝えしておきますが、効率性だけを追求するのであれば、サテライト枠は不要です。**コア部分であるインデックス投資100％で運用するのが、最も効率的なのです。**

2024年1月に亡くなられた山崎元さんも「コア・サテライト投資は無駄だ」と、バッサリ切り捨てています。

私も、単に資産を増やすことだけを目指すなら、コアに全集中することが理想だと考えています。サテライト枠は、あくまで自分の欲求を満たしたり、投資の幅を広げたりするなど、「お金を増やす」こと以外の目的で考えるべきでしょう。

資産運用は長期戦なので、その過程でさまざまな誘惑や感情の波に遭遇します。そうした欲求とうまく付き合っていくことも、長期的な投資を成功させるためには重要な要素の一つです。

サテライト枠は、ある意味、投資を継続するための「心のガス抜き」のための費用だと捉えても良いかもしれません。

もし、どうしても他の投資が気になってしまう方は、自分だけの「コア・サテライト投資」を設計し、投資を楽しんでみてください。

POINT

効率重視ならインデックス投資のみ。サテライトは投資を継続するための「心のガス抜き」のための費用と考える

人生を豊かにする投資と時間のバランス

この章の最後に、私が投資において特に重要だと考えている「時間」についてお話させてください。

投資の世界に足を踏み入れたばかりの頃は、あれこれと手を動かしたくなるものです。**「もっとうまくやれば、もっと高いリターンを得られるんじゃないか……？」**そう考えてしまう気持ちも、よくわかります。

しかし、これまでお伝えしてきた通り、新NISAで投資を成功させるには、「余計なことをしない」ことが重要です。これは、投資成績という面だけでなく、時間の使い方という面でも、非常に重要なポイントです。

毎日、投資情報に追われていませんか？

仕事や家事、趣味の時間を削ってまで、投資の分析に時間を費やしていませんか？

改めて考えてみてください。本当にその投資行動は、あなたの貴重な時間や労力に見合った、効率的な行動と言えるでしょうか？

スティーブ・ジョブズは、こんな言葉を残しています。

「この地上で過ごせる時間には限りがある。本当に大事なことを本当に一生懸命できる機会は、2つか3つくらいしかない」

時間は、私たちにとって、お金以上に貴重な資源です。

そして、お金と違って、時間は一度失ったら、二度と取り戻すことができません。

これは、投資成績という面だけでなく、家族と過ごす時間、趣味に没頭する時間、自己成長のための時間など、あなたの人生にとって本当に大切な時間の使い方という面でも、非常に重要なポイントです。

投資でも「タイパ」と「コスパ」は超大事

現代社会において、あらゆる場面で重視されている「タイパ（タイムパフォーマンス）」と「コスパ（コストパフォーマンス）」。実は、投資の世界、特に長期的な資産形成を目指す上でも、この2つの視点は非常に重要です。

例えば、毎日何時間もかけて経済ニュースをチェックしたり、複数の投資信託を頻繁に入れ替えたりする投資方法があります。一見、熱心に投資に取り組んでいるように見えるかもしれません。

しかし、本当にそれだけの時間と労力をかける必要があるのでしょうか？

時間をかけて情報収集をしても、未来の市場を完璧に予測することは、専門家であっても不可能です。また、頻繁に売買を繰り返すと、その度に手数料や税金が発生し、せっかくの投資収益を減らしてしまう可能性もあります。

本当に効率的な資産形成とは、限られた時間を有効に活用し、最小限の労力で最大限の成果を目指すことです。

私は、目先の利益にとらわれず、長期的な視点で「タイパ」と「コスパ」を意識することが、投資成功の秘訣だと考えています。

時間とリターンは比例しない

私たちは、勉強やスポーツなど、多くの分野において、「時間をかけること＝リターンが大きくなること」と思いがちです。

例えば、勉強であれば、1日1時間勉強する人よりも、3時間勉強する人の方が、試験で良い成績を取る可能性は高くなるでしょう。スポーツでも、毎日練習を重ねる人の方が、試合で活躍できる可能性は高まります。もちろん個人差はありますし、ただ闇雲に時間をかけるのではなく、正しい方法で努力することが重要です。

しかし、勉強や練習を全くしない人よりも、努力した人の方が、良い結果を得られる可能性が高いというのは、紛れもない事実です。

投資に関しては、必ずしもそうとは限りません。むしろ、**時間と労力をかけずに、シンプルに投資を継続した方が、高いリターンにつながるケースも少なくありません。**

個別株投資に熱中しているAさんと、インデックスファンドに投資しているBさんを比べてみましょう。

- **Aさん**：毎日のように経済ニュースをチェックし、企業の財務状況を分析したり、専門家の意見を参考にしたりと、**1日平均2時間を投資に費やしています。**

・**Bさん**：長期的な市場の成長を信じて、インデックスファンドに淡々と積立投資を続けています。日々の値動きに一喜一憂することもなく、**投資にかける時間は月に1時間程度**です。

30年後、二人の投資成績を比較してみると、Bさんの方が高いリターンを上げているということも、十分にあり得ます。

Aさんは30年間で**約2万1900時間**も投資に時間を費やしているのに対し、Bさんはわずか**360時間**しか投資に時間を使っていません。それにも関わらず、Bさんの方が大きな成果を上げている可能性があるのです。

これは、Aさんのように、頻繁に売買を繰り返したり、情報収集に多くの時間を費やしたりする投資方法は、手数料や税金がかさみやすいことや、リターンが高い日を取り逃がして、結果的にリターンを下げる可能性があるためです。

一方、Bさんのように、**長期的な視点で、低コストのインデックスファンドにコツコツと投資を続ける方法は、短期間で爆発的なリターンは得られないものの、複利効果を最大限に活かし、着実に資産を増やしていけます。**

そして、投資に多くの時間を費やす必要がないため、その時間を、仕事や趣味、家族との時間など、自分にとって本当に大切なことに使うことができるのです。

時間は有限！　本当に大切なことに時間を使おう

現代社会において、私たちは限られた時間をやりくりしながら、毎日を忙しく過ごしています。仕事に追われ、自由に使える時間が限られている現代人にとって、「時間の使い方」は、人生の満足度を大きく左右する重要な要素です。

特に、最近は共働き世帯も増えています。私自身も、子育てをしながら共働きを続けていましたが、毎日が本当に大変でした。

保育園の送迎、隙間時間で家事や育児……。自由時間は、子どもが寝てからほんの少しだけで、一緒に寝落ちしてしまうこともしょっちゅうでした（笑）。

子どもが産まれてから、特に時間の重要性を強く感じるようになりました。

自由時間と幸福度は、密接な関係にあります。カリフォルニア大学の研究によると、1日の自由時間が2時間までは幸福度が高まりますが、それを超えると横ばいになり、「5

時間を超えると逆に幸福度が低下する」という結果が出ています。この研究は、2万人以上を対象にした大規模な調査で、自由時間が多すぎても少なすぎても、幸福度は高まらないということを示しています。

具体的には、「1日の自由時間は3・5時間程度が最適」であり、最も高い幸福感をもたらすとされています。自由時間が少なすぎるとストレスの原因となり、逆に多すぎると、生産性の低下を感じたり、時間を無駄にしているという罪悪感から、幸福度が下がってしまうと考えられています。

「そういえば、会社員時代、丸1日有給休暇を取るよりも、午後半休の方が幸福度が高かった気がする……」

この研究結果を読んで、そんなことを思い出しました。

つまり、何が言いたいのかというと、**貴重な時間を自分にとって本当に大切なものに使った方が、人生の幸福度は上がる**ということです。

もちろん、投資は資産形成において避けては通れない重要なものです。しかし、それと同時に、家族や友人との時間、趣味、自己啓発など、「あなたの人生を本当に豊かにする活動」のための時間も、同じように大切にするべきではないでしょうか？

投資の勉強や分析にばかり時間を費やし、他の大切なことをおろそかにしてしまっては、本末転倒です。

仕事に集中して収入をアップさせる、スキルアップを目指して自己投資する、家族との絆を深める、趣味に没頭して心をリフレッシュする……。

人生を豊かにするさまざまな活動を通して得られる経験や知識、そして人との繋がりは、お金では買うことのできない、あなただけの貴重な財産となるはずです。

投資で得られる経済的な豊かさと、時間を通して得られる心の豊かさ。両方のバランスを取りながら、本当に豊かな人生を歩んでいきましょう。

未来の自分のために、シンプルな投資を選ぼう

そして、もう一つ忘れてはならない重要な視点があります。

それは、「年齢を重ねても、今の投資スタイルを続けられるか」ということです。

私たちは、誰もが時間の流れには逆らえません。

そして、年齢を重ねるにつれて、体力や気力、集中力といった、目には見えないけれど

大切な能力は、少しずつ衰えていくものです。

若い頃は、複雑な情報も難なく理解し、長時間のパソコン作業も苦にならなかったかもしれません。しかし、5年後、10年後、あるいは20年後、あなたが今の投資スタイルを問題なく続けられているとは限りません。

日々の値動きをチェックする集中力、複雑なチャートを分析する思考力、新しい投資情報を学び続ける学習意欲……。

これらの能力は、年齢を重ねるごとに、徐々に低下していく可能性があります。

マサチューセッツ工科大学の研究によると、人間の能力のピーク年齢は、能力の種類によって異なることがわかっています。

例えば、情報処理能力や記憶力は10代～20代でピークを迎えます。大量の知識を詰め込む受験勉強などは、確かに若い方が有利でしょう。

しかし、全ての能力が若い頃にピークを迎えるわけではありません。

集中力は40歳を超えてからピークを迎え、人の感情を読み取る力は48歳がピークです。

さらに、計算能力や新しい情報を学び理解する能力は、なんと50歳がピークです。

50歳を過ぎても、まだまだ成長できる能力があるというのは、嬉しい発見ですね。

脳機能のピーク年齢は能力ごとに異なるが、ピークを過ぎると低下していく

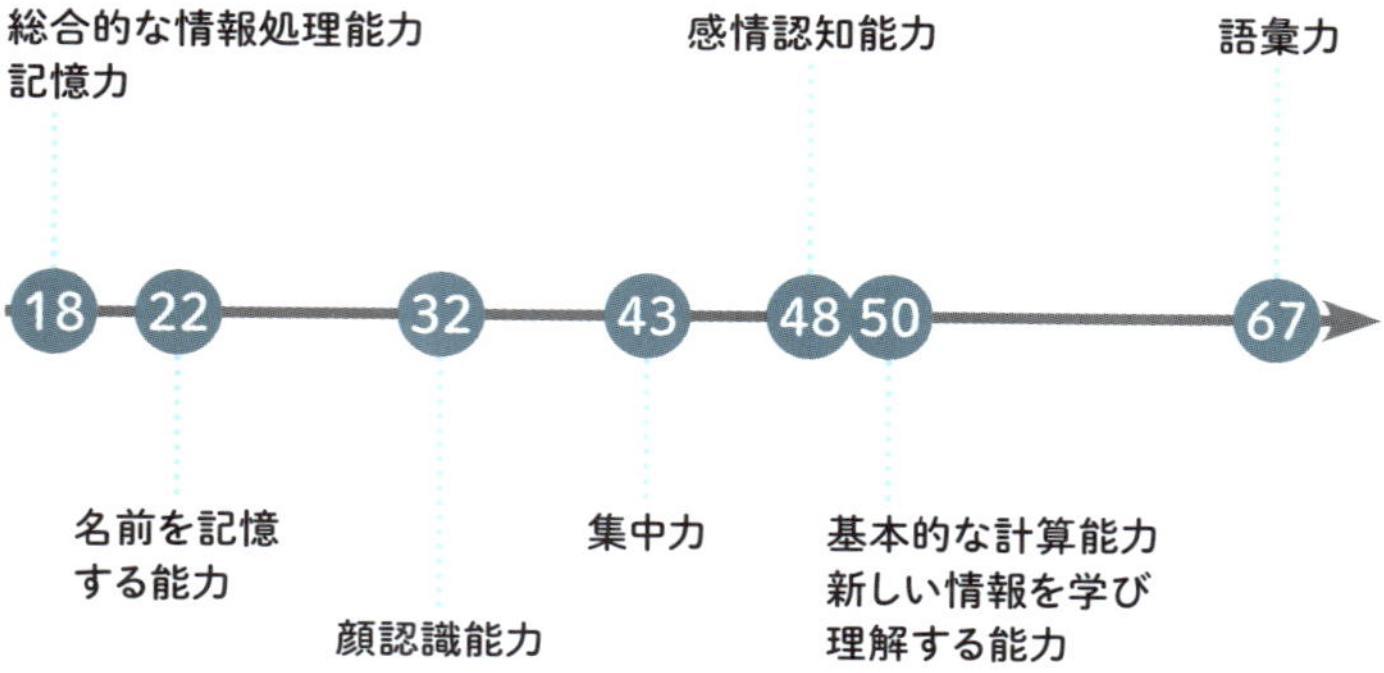
総合的な情報処理能力
記憶力
18
名前を記憶する能力
22
顔認識能力
32
集中力
43
感情認知能力
48
基本的な計算能力
新しい情報を学び理解する能力
50
語彙力
67

出典：東洋経済新報社「『能力のピーク』が40代以降に来る人の思考法」東洋経済ONLINE

一方で、「語彙力」以外の能力は、50歳頃までにピークを迎え、その後は徐々に衰えていくということも、この研究結果は示しています。

多くの場合、資産形成の目的は、60代、70代以降の老後資金を準備することです。

つまり、思考力や体力が衰えてきたタイミングでも、投資判断をしなければならない場面が出てくる可能性があるのです。

「まだまだ若いから大丈夫！」

そう思っている人こそ、未来の自分のために、今のうちから、シンプルでわかりやすく、そして無理なく継続できる投資スタイルを確立しておくことが大切です。

この本で紹介している投資手法は、一言

で言えば「新NISAで投資信託を買い続けて、定期売却を設定する」だけです。**非常にシンプルなので、体力や気力が衰えても、複雑な操作や専門知識がなくても、誰でも簡単に続けることができます。**

新NISAは長期戦です。

だからこそ、シンプルでわかりやすい投資手法を選ぶべきなのです。

「未来の自分に優しい投資スタイル」を目指しましょう!

POINT

「投資のタイパ」を意識して最小限の労力で最大限の成果を目指す

4章

「逆算ほったらかし」新NISA投資術 STEP3

目標資産が貯まったら「必要な分だけ売却」or「定期売却」

さて、いよいよ最後のステップ「出口戦略」についてお話していきます。

投資の世界では、「いかに効率的にお金を増やすか」に焦点が当たりがちです。

しかし、せっかく時間をかけて資産を築いても、いざお金を使う段になって困ってしまっては元も子もありません。

新ＮＩＳＡで資産形成をする上で忘れてはならないのが、**「出口戦略」**です。

つまり、「どのようにして積み立てたお金を現金化するか」という計画を立てることです。

出口戦略は、資産運用と同じくらい重要な「投資の成功に欠かせない要素」です。

「お金を増やすこと」だけでなく、「お金を使うこと」まで見据えた計画を立てることが、豊かな未来を実現する鍵となります。

この章では、新ＮＩＳＡの出口戦略について詳しく解説していきます。

読み進めることで、新ＮＩＳＡを最大限に活用し、将来のお金の不安を解消できるようになるはずです。

ぜひ、最後までお付き合いください。

さて、**新ＮＩＳＡの出口戦略で最も重要なポイントは「運用しながら売却する」**ということです。従来のNISAと異なり、新NISAには非課税保有期間の制限がありません。

つまり、**長期的な資産運用を継続しながら、必要なタイミングで必要な分だけ、非課税で売却して現金化することができます。**

新NISAの出口戦略には、大きく分けて次の2つの選択肢があります。

- **必要な時に必要なだけ売却する**
- **定期的に自動で売却する（定期売却）**

どちらの戦略が良い・悪いということではなく、あなたのライフプランや投資目標、性格によって最適な選択は異なってきます。

それぞれのメリット・デメリットを比較検討し、あなたにとって最適な方法を選択することが大切です。

それでは、具体的な2つの出口戦略の内容について、さらに詳しく見ていきましょう。

出口戦略①必要な時に必要なだけ売却する

新ＮＩＳＡで長期投資を行う場合、「必要な時に必要なだけ売却する」という方法が有効です。

特に、結婚、出産、住宅購入、子どもの教育など、**ライフイベントに合わせてまとまった資金が必要となる場合に、新ＮＩＳＡのメリットを最大限に活かすことができます。**

従来のＮＩＳＡと異なり、新ＮＩＳＡには非課税保有期間の制限がありません。つまり、**長期間にわたって資産運用を行いながら、必要なタイミングで必要な金額だけを非課税で売却し、現金化できる**のです。

例えば、新ＮＩＳＡで１０００万円を投資し、順調に成長して資産が１５００万円になったとしましょう。

あなたが40歳になり、住宅購入のために６００万円が必要になったとします。

新ＮＩＳＡであれば、１５００万円のうち６００万円を売却しても、残りの９００万円

ライフイベントに合わせて売却するイメージ

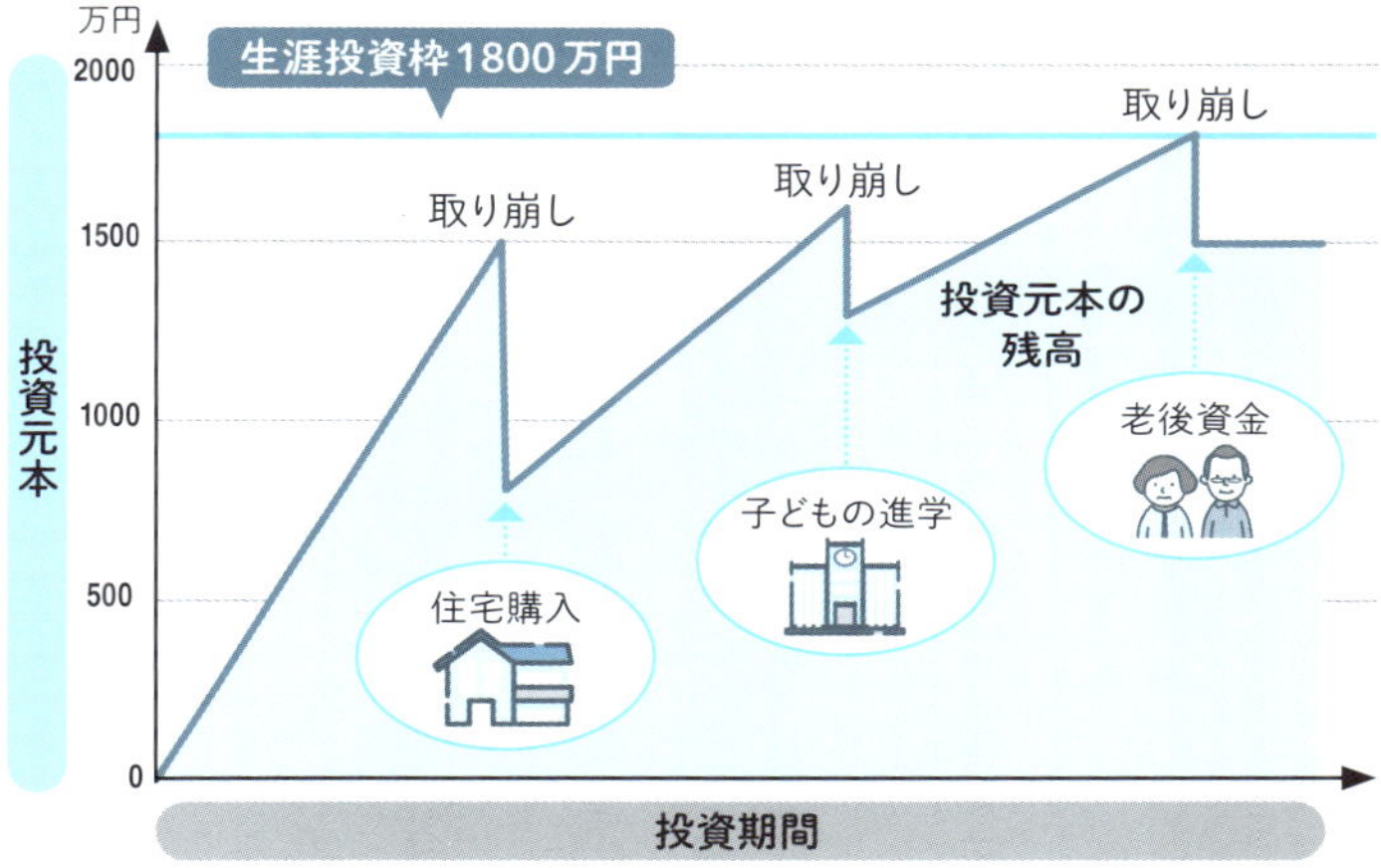

は引き続き非課税で運用を続けることができます。

売却後、お金に余裕ができたら投資を再開する

また、新NISAでは、売却によって非課税投資枠に空きができれば、その枠を使って再び投資を行うことができます。

つまり、**ライフイベントなどで一時的に資金が必要になった場合でも、その後、再び投資を継続し、資産形成を続けることが可能なのです。**

例えば、先ほどの住宅購入の例で考えると、売却した600万円の内訳は、利益

200万円と元本400万円です。

新NISAで復活する投資枠は元本部分なので、翌年以降に400万円分の投資枠が復活し、再利用できるようになります。

空いた投資枠は、すぐに使わなくても問題ありません。家計に余裕ができたタイミングで、投資を再開するといった柔軟な運用が可能です。

新NISAは、一度投資枠を使い切ったら終わりではなく、**状況に応じて「売却」と「再投資」を繰り返しながら、長期的な資産形成を目指せる制度**です。「必要な時に必要なだけ売却できる」という安心感と、「投資を再開できる」という柔軟性を兼ね備えている点が、新NISAの大きな魅力と言えるでしょう。

売却する場合は「つみたて投資枠」「成長投資枠」どっちから?

新NISAでは、「つみたて投資枠」と「成長投資枠」の2つの投資枠を併用できます。では、売却が必要になった場合、どちらの枠から売却するのがお得なのでしょうか?

ライフイベントなどでまとまった資金が必要になった時、どちらの枠から売却すべきか迷ってしまうこともあるかもしれません。

投資信託と株式など、異なる商品に投資している場合は、どちらの資産を保有し続けるべきかという投資判断も必要になります。

ここでは、同じ金融商品を「つみたて投資枠」と「成長投資枠」で購入している場合を例に考えてみましょう。

例えば、次のページの図のように、

- **つみたて投資枠：120万円投資（評価額180万円）**
- **成長投資枠：200万円投資（評価額400万円）**

の状態だとします。

ここで、90万円の資金が必要になり、売却を検討するケースを考えてみましょう。

現在の運用状況

	つみたて投資枠	成長投資枠	合計
購入価格（簿価）	120万円	200万円	320万円
投資益	60万円	200万円	260万円
評価額	180万円（1.5倍）	400万円（2.0倍）	580万円（1.81倍）

ポイントは「再利用できる投資枠」

新NISAでは、売却した金額分の投資枠が翌年以降に復活します。しかし、復活する投資枠は、売却時の評価額ではなく、購入時の金額（簿価）で計算されます。

つまり、同じ90万円分を売却する場合でも、復活する投資枠の金額が異なるのです。

それぞれの投資枠で90万円売却した場合を確認してみましょう。

「つみたて投資枠」を90万円売却した場合

	つみたて投資枠	成長投資枠	合計
購入価格（簿価）	60万円（▲60万円）	200万円	260万円
投資益	30万円（▲30万円）	200万円	230万円
評価額	90万円	400万円	490万円

「成長投資枠」を90万円売却した場合

	つみたて投資枠	成長投資枠	合計
購入価格（簿価）	120万円	155万円（▲45万円）	275万円
投資益	60万円	155万円（▲45万円）	215万円
評価額	180万円	310万円	490万円

つまり、

- **つみたて投資枠を売却↓60万円分の投資枠が復活**
- **成長投資枠を売却↓45万円分の投資枠が復活**

となるため、今回の例では、「つみたて投資枠」から売却した方が、より多くの投資枠を復活させることができます。

将来、再び投資を行うことを考えると、復活する投資枠は大きい方が有利です。

そのため、**含み益（評価額－簿価）が小さい方、つまり、簿価に近い金額で売却できる枠から優先的に売却するのが賢い選択**と言えるでしょう。

POINT

一時的に資金が必要になった場合でも、その後、再び投資を継続して資産形成を続けることが可能

出口戦略②定期的に「自動」で売却する（定期売却）

「毎月安定した投資収入がほしいなぁ……」

そんな個人投資家の永遠の願いを叶えてくれるのが、投資信託の「定期売却サービス」という仕組みです。

定期売却サービスとは、保有している投資信託を設定した金額や割合で、自動的に売却する仕組みのことです。毎月決まった日に決まった金額を受け取れるという、まるで給料のような形で投資で収入を得ることが可能になります。

まさに本書のタイトルにもした「**ほったらかし投資**」の最終形態と言えるでしょう。

これまで見てきた「必要な時に必要なだけ売却する」方法とは異なり、**定期売却は、将来の収入を安定的に確保したいと考えている人にとって最適な選択肢**です。

例えば、

・老後資金を毎月受け取りたい
・投資で得た利益を生活費の足しにしたい
・不動産収入のように、安定した副収入を得たい

このように考えている方に特におすすめです。

取り崩しの王道戦略「4％ルール」について

定期売却を検討する際に、「毎月いくら受け取ればいいんだろう……」「資産を減らしすぎないか心配……」といった不安を感じる方もいるのではないでしょうか。

そんな時に参考にしたいのが、「4％ルール」という考え方です。

4％ルールとは、退職後の生活資金を保有資産の4％以内で取り崩せば、資産が枯渇するリスクを低く抑えながら、長期的に安定した収入を得られるという考え方です。

アメリカのテキサス州にあるトリニティ大学の3人の教授が1998年に発表した少し古い論文がもとですが、現代でも有志によりアップデートされています。

「投資割合」「取り崩し年数」「取り崩し率」ごとの資産が枯渇しない確率

（1871-2015年）

全ての観測結果		ポートフォリオの年間引き出し率（CPI調整後）								
最終的な資産価値の目標=0		3.00%	3.25%	3.50%	3.75%	4.00%	4.25%	4.50%	4.75%	5.00%
100%株式	30年間	100%	100%	100%	99%	97%	94%	91%	86%	82%
	40年間	100%	100%	99%	97%	93%	88%	84%	80%	76%
	50年間	100%	100%	99%	95%	90%	85%	81%	77%	73%
	60年間	100%	99%	98%	94%	89%	84%	80%	75%	70%
75%株式	30年間	100%	100%	100%	100%	99%	95%	90%	84%	80%
	40年間	100%	100%	100%	98%	93%	86%	82%	76%	69%
	50年間	100%	100%	99%	94%	88%	82%	76%	69%	62%
	60年間	100%	100%	97%	92%	85%	80%	71%	65%	58%
50%株式	30年間	100%	100%	100%	100%	95%	91%	85%	77%	70%
	40年間	100%	100%	98%	93%	86%	76%	65%	59%	51%
	50年間	100%	98%	93%	85%	74%	63%	55%	46%	41%
	60年間	100%	96%	89%	79%	65%	57%	48%	42%	36%
25%株式	30年間	100%	100%	98%	90%	80%	70%	63%	57%	51%
	40年間	97%	89%	77%	64%	55%	47%	37%	34%	32%
	50年間	85%	75%	62%	51%	40%	34%	31%	29%	23%
	60年間	78%	65%	51%	39%	33%	31%	27%	21%	17%
0%株式	30年間	89%	80%	68%	61%	54%	50%	45%	40%	34%
	40年間	64%	56%	47%	39%	33%	29%	24%	21%	18%
	50年間	50%	39%	31%	27%	23%	19%	14%	12%	9%
	60年間	35%	30%	25%	22%	16%	12%	9%	7%	7%

出典：Early Retirement Now「The Ultimate Guide to Safe Withdrawal Rates」を著者翻訳

例えば、株式と債券を50％ずつ保有するポートフォリオで、年間４％ずつ取り崩した場合、30年間で資産が枯渇する確率は５％程度という結果が出ています。

もちろん、これはあくまで過去のデータに基づいたシミュレーションであり、将来も同じように推移するとは限りません。しかし、長期的な資産運用における、一つの目安として、参考にできる考え方となるでしょう。

新ＮＩＳＡで定期売却を設定する場合も、４％ルールを参考に、年間の取り崩し額を資産残高の４％以内に設定することで、資産の長寿命化を図ることができます。例えば、

・資産残高が１０００万円の場合→年間の取り崩し額は**40万円（月々約３・３万円）**
・資産残高が２０００万円の場合→年間の取り崩し額は**80万円（月々約６・６万円）**

といった計算になります。４％ルールは、あくまで目安であり、個々の状況によって最適な取り崩し額は異なります。

例えば、株式と債券への資産配分や取り崩し率によって、成功確率も変わってきます。４％も取り崩す必要がない場合は、取り崩し率を３・５％や３・０％に下げることで、よ

り堅実な取り崩し戦略にすることもできます。

「老後に『資産を取り崩していく』なんて、なんだか不安だな……」

そう感じる人もいるかもしれません。

しかし、必要以上に取り崩さなければ、心配する必要はありません。**あくまでも運用益の一部を取り崩していくだけ**なので、例えるなら、コップから溢れた水だけを飲むようなイメージです。

ぜひ、ご自身のライフプランに合わせて、取り崩し率を調整してみてください！

定期売却の種類（定額・定率・期間指定）

定期売却には、大きく分けて以下の3つの種類があります。

- **定額売却**：毎月決まった金額で売却する方法
- **定率売却**：保有している資産残高に対して、一定の割合で売却する方法
- **期間指定売却**：設定した期間で、決まった口数を売却する方法

それぞれの特徴を理解し、自分の投資目標やライフプランに合った方法を選びましょう。

定期売却① 定額売却

定額売却は、毎月決まった金額で投資信託を売却する方法です。

例えば、「毎月10万円を売却する」と設定すれば、毎月10万円分の投資信託が自動的に売却され、あなたの銀行口座に入金されます。

- **メリット**：毎月安定した収入を得られるため、資金計画を立てやすい
- **デメリット**：暴落などで資産が減少した際にも、定額で売却を続けると、資産の減少スピードが加速してしまう可能性がある

定額売却は、定期売却の中で**最も一般的な方法**です。前述した4％ルールも、この定額売却を前提に考えられています。

定期売却②　定率売却

定率売却は、保有している資産残高に対して、一定の割合で投資信託を売却する方法です。例えば、「毎月資産残高の0・33％（年間4％）を売却する」と設定した場合、

- **資産残高が2500万円なら↓月8・3万円**
- **資産残高が3000万円なら↓月10万円**
- **資産残高が3500万円なら↓月11・6万円**

と、資産残高に応じて受け取る金額が変わります。

- **メリット**：資産残高に応じて売却金額が調整されるため、資産が長持ちしやすい
- **デメリット**：受け取る金額が変動するため、資金計画が立てづらい

定率売却は、毎月決まった金額の収入は必要なく、受け取る金額が多少変動しても構わないので、できるだけ長く資産を取り崩したい人に向いている方法です。

定期売却③　期間指定売却

期間指定売却は、投資信託の保有口数を、指定した期間内で定期的に売却する方法です。例えば、「2050年12月まで、毎月15日に受け取る」と設定した場合、指定した投資信託の口数を設定した期間内で均等に分割して売却していくことになります。

- **メリット**：特定の期間で確実に運用資産を使い切ることができる
- **デメリット**：基準価額の変動によって、受け取る金額が変わる。確実に資産残高が減っていくため、精神的な負担が大きい

期間指定売却は、運用資産を確実に使い切りたい、「DIE WITH ZERO（死ぬまでにお金は全て使い切る）」を実践したいと考えている人に最適な方法です。

ただし、資産が目に見えて減っていくため、精神的な面で耐えられるかがポイントになります。

迷ったら「定額売却」か「定率売却」を選ぼう！

どのタイプの定期売却が最適かは、あなたの投資目標やライフプランによって異なります。まずは、自分自身のニーズを明確にした上で、それぞれのメリット・デメリットを比較検討し、最適な方法を選びましょう。

……とは言っても、投資初心者の方にとっては、どれを選べば良いのか、なかなか決められないかもしれません。

結論から言うと、**投資初心者の方には、「定額売却」か「定率売却」をおすすめします。**「期間指定売却」は、強い意志を持って計画的に資産を取り崩していける人でないと、途中で挫折してしまうことも少なくありません。その点、「定額売却」と「定率売却」は、資産を大きく毀損することなく、長期にわたって安定的に取り崩していくことができるため、投資初心者の方でも安心して利用できるでしょう。

POINT

「資産を取り崩している」のではなく「運用益の一部を取り崩している」というイメージで「4%ルール」を目安にする

定額と定率、結局どっちがお得？3パターンでシミュレーション

「定額売却」と「定率売却」、どちらも魅力的な出口戦略ですが、実際に運用してみると、どれくらい差が出てくるのでしょうか？

今回は、3つのパターンでシミュレーションを行い、それぞれの特徴を比較検証していきます。これらのシミュレーションを通して、それぞれの出口戦略の特徴やメリット・デメリットを、具体的に見ていきましょう。

①通常パターン：好調な相場と不調な相場が交互にやってくる場合

資産額は、相場が不調な時に売却額を抑えられるため、定率売却の方が多くなりました。

一方で、取り崩し額は定額売却の方が多くなっています。

①通常パターン：好調な相場と不調な相場が交互にやってくる場合

経過年数		1年目	2年目	3年目	4年目	5年目	6年目	7年目	8年目	9年目	10年目	平均
相場リターン		20%	-10%	10%	-15%	20%	-20%	30%	15%	5%	7%	5.0%
定額売却	資産額	3,000	3,456	3,002	3,171	2,593	2,968	2,278	2,806	3,088	3,117	117
定額売却	取り崩し額	120	120	120	120	120	120	120	120	120	120	1,200
定率売却	資産額	3,000	3,456	2,986	3,153	2,573	2,964	2,276	2,841	3,136	3,162	162
定率売却	取り崩し額	120	138	119	126	103	119	91	114	125	126	1,181

定額売却 合計 1,317
定率売却 合計 1,343

	定額売却	定率売却
10年後の資産額	3,117万円	3,162万円
10年間の取り崩し額	1,200万円	1,181万円
トータル収益	1,317万円	1,343万円

②最初が好調：売却開始後、数年間は上昇し、その後下落するケース

資産額は、売却開始直後の好調な相場の時に売却額を抑えられるため、定額売却の方が多くなりました。

一方で、取り崩し額は定率売却の方が多くなっています。

②最初が好調：売却開始後、数年間は上昇し、その後下落するケース

		1年目	2年目	3年目	4年目	5年目	6年目	7年目	8年目	9年目	10年目	平均	
経過年数													
相場リターン		10%	15%	20%	-10%	-15%	-10%	20%	15%	5%	8%	5.0%	
定額売却	資産額	3,000	3,168	3,505	4,062	3,548	2,914	2,514	2,873	3,166	3,199	199	合計 1,399
定額売却	取り崩し額	120	120	120	120	120	120	120	120	120	120	1,200	
定率売却	資産額	3,000	3,168	3,497	4,029	3,481	2,841	2,454	2,827	3,121	3,146	146	合計 1,409
定率売却	取り崩し額	120	127	140	161	139	114	98	113	125	126	1,263	

	定額売却	定率売却
10年後の資産額	3,199万円	3,146万円
10年間の取り崩し額	1,200万円	1,263万円
トータル収益	1,399万円	1,409万円

③最初が不調：売却開始後、数年間は下落するものの、その後上昇するケース

資産額は、売却開始直後の不調な相場の時に売却額を抑えられるため、定率売却の方が多くなりました。

一方で、取り崩し額は定額売却の方が多くなっています。

③最初が不調：売却開始後、数年間は下落するものの、その後上昇するケース

経過年数		1年目	2年目	3年目	4年目	5年目	6年目	7年目	8年目	9年目	10年目	平均	
相場リターン		-10%	-15%	-20%	10%	20%	20%	30%	15%	5%	7%	5.0%	
定額売却	資産額	3,000	2,592	2,101	1,585	1,611	1,790	2,004	2,449	2,678	2,686	-314	合計 886
	取り崩し額	120	120	120	120	120	120	120	120	120	120	1,200	
定率売却	資産額	3,000	2,592	2,115	1,624	1,715	1,976	2,276	2,841	3,136	3,162	162	合計 1,140
	4%取り崩し額	120	104	85	65	69	79	91	114	125	126	978	

	定額売却	定率売却
10年後の資産額	2,686万円	3,162万円
10年間の取り崩し額	1,200万円	978万円
トータル収益	886万円	1,140万円

よりリアルな結果を得るために、相場のリターンは平均で年5％（幾何平均）と設定していますが、毎年一定ではなく、変動させています。

以上のように「③最初が悪かったパターン」は、定額売却・定率売却ともに、厳しい結果となりました。取り崩し開始後、想定よりも早く資産が底をついてしまう可能性があることがわかります。

ちなみに、これは「**シークエンス・オブ・リターン・リスク（SRR）**」という名前で、運用しながら取り崩す際に直面する重要なリスクとして知られています。

つまり、今回の3ケースのように長期的な平均リターンが同じであっても、年ごとのリターンの順序（シークエンス）によって最終的な資産残高が大きく異なる可能性があるということです。

特に退職直後や資産取り崩しの初期段階で市場が下落した場合、その後の資産残高に大きな影響を与える可能性があります。

定額で資産を取り崩す場合、このリスクの影響がより顕著になるため、資産額に応じて取り崩し額が変動する定率売却の方が、このケースでは有利になったわけです。

資産を取り崩しながら生活していく人にとって、まさにこれが最も恐れるべきシナリオと言えるでしょう。

結局いくらまで取り崩していいの？

ここまで、定期売却を活用して、効率的に資産を取り崩していく方法を見てきました。

しかし、「結局のところ、毎月いくらまでなら使ってしまって大丈夫なの……？」この部分が気になる人も多いのではないでしょうか？

そこで、無理なく資産を取り崩していくための目安として、早見表（次のページ参照）を作成しました。

この表は、資産額と取り崩し額別に、資産がどれくらい持続するか（**資産寿命**）を示したものです。利回りは、インデックスファンドの一般的なリターンである**年率5%**で計算しています。

資産額・取り崩し額ごとの資産寿命

	資産額（万円）	運用利回り	月間の取り崩し額（万円）						
			3	5	10	15	20	25	30
投資金額	1,000	5.0%	・	34年	10年	6年	4年	3年	2年
	2,000	5.0%	・	・	34年	16年	10年	8年	6年
	3,000	5.0%	・	・	・	34年	19年	13年	10年
	4,000	5.0%	・	・	・	・	34年	21年	16年
	5,000	5.0%	・	・	・	・	・	34年	23年
	6,000	5.0%	・	・	・	・	・	78年	34年
	7,000	5.0%	・	・	・	・	・	・	61年
	8,000	5.0%	・	・	・	・	・	・	・
	9,000	5.0%	・	・	・	・	・	・	・
	10,000	5.0%	・	・	・	・	・	・	・

例えば、資産が３０００万円ある場合、月10万円までの取り崩しであれば、資産が尽きることなく、運用を続けることができます。

しかし、月15万円を取り崩すと、34年で資産が枯渇してしまう計算になります。

ざっくりとした目安ですが、参考になれば幸いです。

あなたの資産状況やライフプランに合わせて、無理のない取り崩し計画を立てていきましょう！

POINT

無理のない取り崩し計画は「インデックスファンドの一般的なリターンである年率5％」をもとに考える

現状では1択!?　定期売却を想定した場合の金融機関ごとの対応状況

ここまで、定額売却と定率売却のシミュレーション結果を通して、それぞれのメリット・デメリットを見てきました。

「定期売却、ぜひ活用してみたい！」

そう思った人もいるのではないでしょうか？　しかし、**投資信託の定期売却サービスは、対応している証券会社が限られているという点に注意が必要です。**

そこで、主要なネット証券における定期売却サービスの対応状況をまとめました。どの証券会社でNISA口座を開設するか迷っている人は、ぜひ参考にしてみてください。

現状では、主要ネット証券の中で、定期売却に対応しているのは**楽天証券**と**SBI証券**のみとなっています。

投資信託の定期売却サービス対応状況

※2024年10月現在

証券会社	定期売却			NISA対応	備考
	定額	定率	期間指定		
楽天証券	○	○	○	○	NISA口座対応済み
SBI証券	○	×	×	×	※2025年以降にNISA対応予定
マネックス証券	×	×	×	×	
auカブコム証券	×	×	×	×	
松井証券	×	×	×	×	

楽天証券は、NISA口座にも対応済みで、「定額」「定率」「期間指定」の3種類の売却方法から選択できます。

サイトやアプリの使いやすさにも定評があり、サービス面でも充実しています。

SBI証券は、現時点では「定額」売却のみの対応で、NISA口座には対応していません。SBI証券で定期売却を利用するには、一度NISA口座の商品を売却し、特定口座で購入し直してから定期売却を設定する必要があります。

SBI証券は2025年以降にNISA口座での定期売却を可能にし、「定率」売却にも対応する予定とのことなので、今後のアップデートに期待です。

まとめると、定期売却を今すぐ利用したい場合は、「楽天証券」一択です。

将来的に利用する予定であれば、「楽天証券」と「SBI証券」のどちらを選んでも問題ありません（※2024年10月の情報です。最新情報は各証券会社の公式サイトでご確認ください）。

ご自身の使いやすさや、その他のサービス内容などを比較検討し、より魅力的だと感じる方を選んでみてください。

定期売却の設定方法

それでは、実際に楽天証券で定期売却を設定する方法を、具体的に見ていきましょう。

手順はとても簡単で、以下の5ステップで完了します。

ステップ① 売却する投資信託を選択する

まずは、定期売却に利用する投資信託を選びます。NISA口座で保有している投資信託の中から、売却したい商品を選択しましょう。

ステップ② 売却方式を選択する

次に、売却方式を選びます。楽天証券では、「定額」「定率」「期間指定」の3つの方式から選択可能です。

あなたのライフプランや投資目標に合わせて、最適な方式を選びましょう。

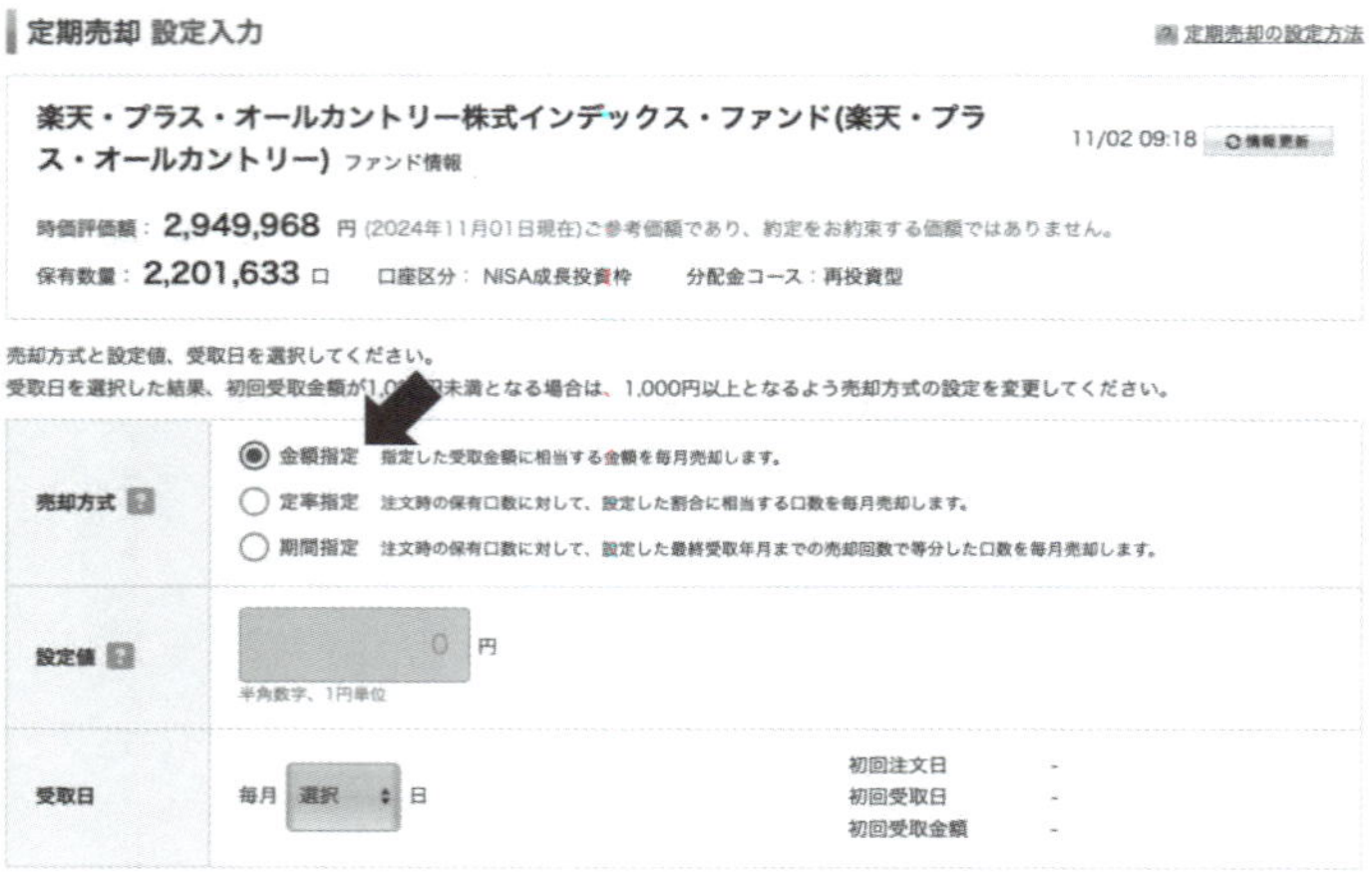
定期売却 設定入力
定期売却の設定方法
楽天・プラス・オールカントリー株式インデックス・ファンド(楽天・プラス・オールカントリー) ファンド情報
11/02 09:18
情報更新
時価評価額：2,949,968 円 (2024年11月01日現在)ご参考価額であり、約定をお約束する価額ではありません。
保有数量：2,201,633 口
口座区分：NISA成長投資枠
分配金コース：再投資型
売却方式と設定値、受取日を選択してください。
受取日を選択した結果、初回受取金額が1,0 円未満となる場合は、1,000円以上となるよう売却方式の設定を変更してください。
売却方式
金額指定 指定した受取金額に相当する金額を毎月売却します。
定率指定 注文時の保有口数に対して、設定した割合に相当する口数を毎月売却します。
期間指定 注文時の保有口数に対して、設定した最終受取年月までの売却回数で等分した口数を毎月売却します。
設定値
0 円
半角数字、1円単位
受取日
毎月 選択 日
初回注文日 -
初回受取日 -
初回受取金額 -

ステップ③ 設定値を入力する

売却方式に応じて、必要な設定値を入力します。

例えば、「定額」なら毎月の売却金額、「定率」なら売却する割合、「期間指定」なら取り崩したい期間などを設定します。

定期売却 設定入力
定期売却の設定方法
楽天・プラス・オールカントリー株式インデックス・ファンド(楽天・プラス・オールカントリー) ファンド情報
11/02 09:18
時価評価額：2,949,968 円 (2024年11月01日現在)ご参考価額であり、約定をお約束する価額ではありません。
保有数量：2,201,633 口
口座区分：NISA成長投資枠
分配金コース：再投資型
売却方式と設定値、受取日を選択してください。
受取日を選択した結果、初回受取金額が1,000円未満となる場合は、1,000円以上となるよう売却方式の設定を変更してください。
売却方式
金額指定 指定した受取金額に相当する金額を毎月売却します。
定率指定 注文時の保有口数に対して、設定した割合に相当する口数を毎月売却します。
期間指定 注文時の保有口
して、設定した最終受取年月までの売却回数で等分した口数を毎月売却します。
設定値
100,000 円
半角数字、1円単位
受取日
毎月 選択 日
初回注文日 -
初回受取日 -
初回受取金額 -

ステップ④ 受け取り日を選択する

売却代金を受け取る日を選びます。あなたの都合に合わせて、毎月受け取りたい日を設定しましょう。

定期売却 設定入力
定期売却の設定方法
楽天・プラス・オールカントリー株式インデックス・ファンド(楽天・プラス・オールカントリー) ファンド情報
11/02 09:01
時価評価額：2,949,968 円 (2024年11月01日現在)ご参考価額であり、約定をお約束する価額ではありません。
保有数量：2,201,633 口
口座区分：NISA成長投資枠
分配金コース：再投資型
売却方式と設定値、受取日を選択してください。
受取日を選択した結果、初回受取金額が1,000円未満となる場合は、1,000円以上となるよう売却方式の設定を変更してください。
売却方式
金額指定 指定した受取金額に相当する金額を毎月売却します。
定率指定 注文時の保有口数に対して、設定した割合に相当する口数を毎月売却します。
期間指定 注文時の保有口数に対して、設定した最終受取年月までの売却回数で等分した口数を毎月売却します。
設定値
100,000 円
半角数字、1円単位
受取日
毎月 20 日
初回注文日 2024/11/12
初回受取日 2024/11/20
初回受取金額 100,000 円

ステップ⑤「設定する」を選択する

最後に、「設定する」ボタンをクリックすれば、定期売却の設定は完了です。

定期売却 設定確認
定期売却設定を受け付けます。内容を確認して取引暗証番号を入力してください。
楽天・プラス・オールカントリー株式インデックス・ファンド(楽天・プラス・オールカントリー)
口座区分： NISA成長投資枠　分配金コース：再投資型
❶ 売却方式の設定
売却方式
金額指定
設定値
100,000 円
受取日
毎月 20 日
初回注文日 2024/11/12
初回受取日 2024/11/20
初回受取金額 100,000 円
❷ 取引暗証番号の入力
••••
戻る
設定する

たったこれだけで、あとはシステムが自動で売却処理を行ってくれるので、面倒な手続きは一切不要です。

定期売却を上手に活用して、ほったらかしで資産収入を生み出す「マネーマシン」を作り上げていきましょう！

POINT

定期売却を今すぐ利用したい場合の新NISA口座は「楽天証券」で決まり

【その他】売却関係でよくある質問

なお、新NISAの制度が始まって以来、「特定口座」「一般NISA」「つみたてNISA」などで保有する商品の売却に関する質問を多くいただきます。

そこで、次の節からは特に多く寄せられる質問について、詳しく解説していきたいと思います。

よくある質問① 「特定口座の資産は新NISAに移すべき?」

従来のNISA制度では、年間の投資上限額が少なかったため、つみたてNISAで年間40万円を満額投資したあとは、特定口座で投資を続ける人がほとんどでした。

しかし、2024年から始まった新NISAでは、非課税投資枠が年間360万円に拡大されました。これにより、従来よりも大きな投資額を非課税で運用できるようになったため、「特定口座で投資していた分を新NISA口座に移した方が良いのか?」という質問をよくいただきます。

結論から言うと、**基本的には特定口座の保有分は売却し、その資金を新NISA口座での投資に回すことをおすすめします。**

大前提として、特定口座から新NISA口座へ、保有している投資信託や株式を直接移管することはできません。

そのため、特定口座の保有分は、一度売却して現金化する必要があります。

最近特定口座で投資を始めたばかりの人であれば、そもそも利益もそれほど出ていないはずなので、特に気にせず売却できるでしょう。

しかし、特定口座である程度まとまった資金を運用しており、利益もそれなりに出ている場合は、売却をためらってしまう人もいるのではないでしょうか？

含み益があっても、売却して新NISAで買い直す方がお得な場合が多い

「特定口座の資産を売却したら、利益に対して税金が発生してしまう……もったいない……」

そう考える気持ちも、よくわかります。

しかし、長期的な視点で見ると、含み益が出ている場合でも、早めに売却して新NISA口座で改めて投資する方が有利になるケースが多いのです。

具体的な例で考えてみましょう。あなたは、特定口座で200万円を数年前に投資し、現在25％の利益が出て、合計で250万円になっているとします。

ここで、

- **特定口座で運用を継続し、さらに15％の利益が出て287万5000円になった時点で売却する**
- **250万円になった時点で売却し、新NISA口座で改めて投資する**

この2つのパターンを比較してみましょう。

パターン① 特定口座で運用を継続した場合

利益の87・5万円に対して、約20％の税金（約17・5万円）が課税されます。手元に残るのは270万円で、元本200万円を除いた税引き後の利益は70万円となります。

パターン② 新NISA口座に移した場合

売却時に利益50万円に対して10万円の税金がかかりますが、手元には240万円が残ります。この240万円を新NISA口座で投資し、同じように15％の利益が出たとすると、資産は276万円になります。元本200万円を引いた**利益76万円**は、新NISA口座なので非課税！　まるまるあなたのものになります。

特定口座で保有し続けた場合の利益70万円よりも、**6万円も多く利益を得ることができたのです。**

このように、運用を継続して含み益がさらに増えれば増えるほど、新NISA口座に移した方が得られる利益は大きくなります。

つまり、**長い目で見れば、早めに移した方がお得になることが多い**のです。

含み損の状態なら、気にせずに売却して買い直しでOK

逆に、特定口座で投資している資産が値下がりして、含み損が出ている場合はどうすれば良いのでしょうか？

「損した状態で売りたくない……」

そう思う人もいるかもしれません。しかし、**含み損が出ている場合は、売却しても税金は発生しないので、安心してください。**

むしろ、売却して新NISA口座で買い直すチャンスです！

しかも、**含み損が出ている銘柄を売却して損失を確定させておけば、含み益が出ている**

銘柄を売却した際に、損益通算で税金を減らすことができます。

例えば、含み益が50万円出ている銘柄を売却すると、通常であれば10万円の税金が発生します。しかし、同じ年に含み損が50万円出ている銘柄を売却すれば、含み益と損益通算されて、年間の利益は0円になります。つまり、**税金は1円も発生しない**のです。

含み損が出ている銘柄がある場合は、気にせず売却して新NISA口座に移してしまいましょう。

特に、含み益が出ている銘柄も保有している場合は、損益通算を活用すれば、節税しながら新NISA口座で買い直せるチャンスです。

POINT

基本的には特定口座の保有分は売却し、その資金を新NISA口座での投資に回すことをおすすめ

よくある質問②「一般NISAの資産はどのように売却すれば良い?」

従来の「一般NISA」は、5年間の非課税期間が設定されています。つまり、2019年に投資を開始した分から順に、2023年以降、非課税の恩恵を受けられなくなるということです。

従来は、「ロールオーバー」という制度を使えば、非課税期間が終了しても保有資産を新しいNISA枠に移管することができました。

しかし、新NISAに「ロールオーバー」の機能はないため、一般NISAから新NISAへ、直接資産を移管することはできません。

非課税期間終了後、売却して買い直す

最も基本的な方法は、非課税期間が終了するタイミングで、保有資産を一度売却し、新

一般NISAの運用イメージ

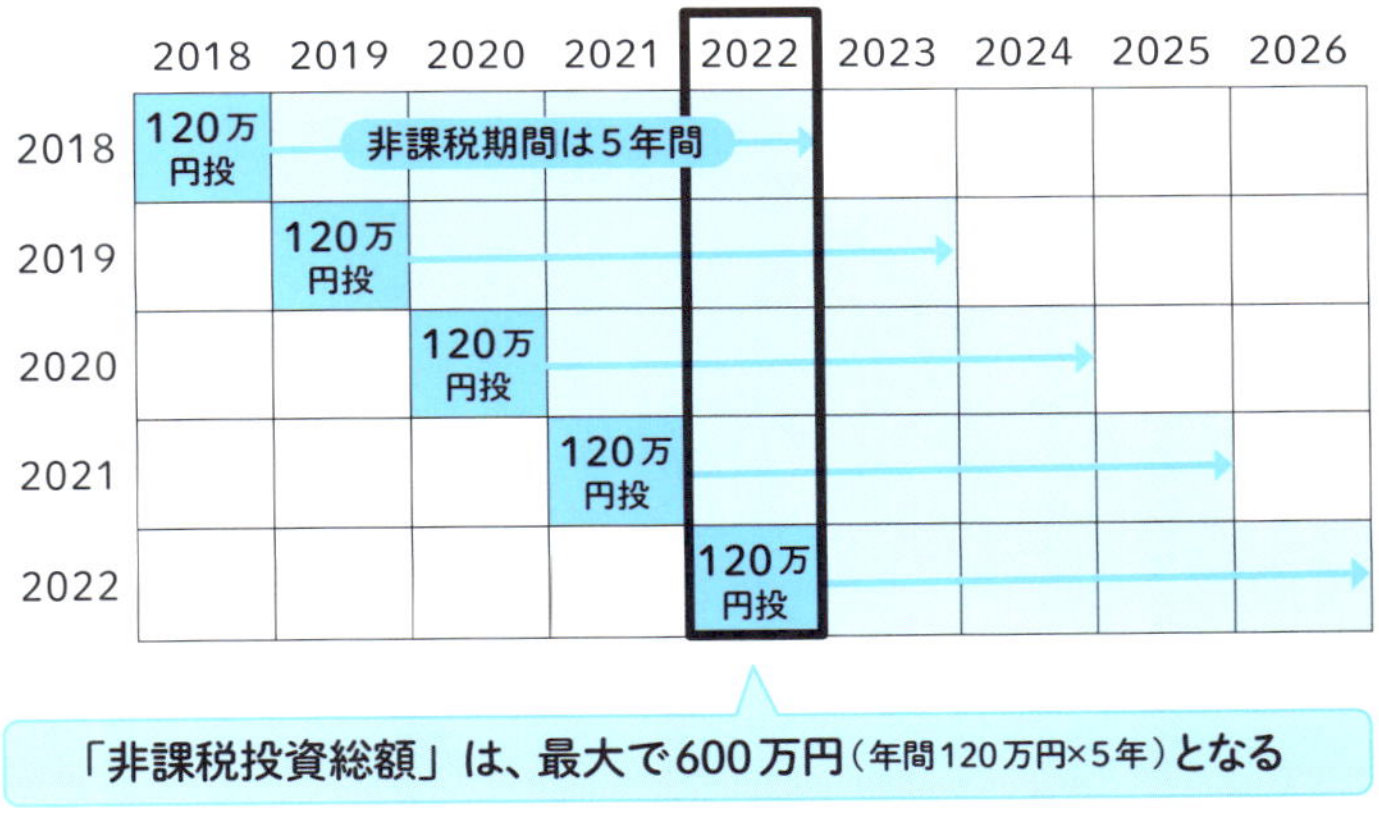
2018
2019
2020
2021
2022
2023
2024
2025
2026
2018
2019
2020
2021
2022
120万円投
非課税期間は5年間
120万円投
120万円投
120万円投
120万円投
「非課税投資総額」は、最大で600万円（年間120万円×5年）となる

ＮＩＳＡ口座で買い直す方法です。こうすることで、その後も非課税の恩恵を受けながら、長期的な資産運用を継続することができます。

例えば、２０２０年に一般ＮＩＳＡで全世界株式の投資信託に１２０万円投資した場合、２０２４年12月末で非課税期間が終了します。

この場合では、２０２４年12月に売却し、２０２５年１月に新ＮＩＳＡ口座で買い直せば、一般ＮＩＳＡで運用していた資産を、新ＮＩＳＡ口座でも引き続き非課税で運用できます。

売却を急ぐ必要はない

ただし、ご注意いただきたいのですが、満期を迎えるからといって売却を急ぐ必要はありません。

たまに「満期を迎える前に売却しなきゃダメですよね？」と質問されるのですが、必ずしも売却する必要はありません。

一般ＮＩＳＡの非課税運用期間が終了すると、保有している金融商品は自動的に課税口座へ移管されます。この際、非課税期間満了時の時価が、課税口座における新たな取得価格となり、移管後の売却益や配当金・分配金等は課税対象となります。

例えば、購入時に１０００円だった銘柄が満期を迎えた際に１２００円に値上がりしていた場合、移管後の取得価格は１２００円となるイメージです。

ですので、一般ＮＩＳＡで保有する資産をすぐに売却する必要がない方は、課税口座で運用を継続して、お好きなタイミングで売却してください。

期間満了前に利益確定する方法も！

非課税期間満了を待つだけでなく、途中で十分な利益が出ている場合は、早めに売却して利益を確定するのも有効な戦略です。

NISA制度では、特定口座のように「損益通算」や「繰越控除」が利用できないという点をしっかりと理解した上で、賢く活用していきましょう！

POINT

非課税期間が終了するタイミングで、売却して買い直す。急ぎでなければ課税口座で運用を継続する

よくある質問③

「つみたてNISAで投資している場合はどうすれば？」

2018年から2023年の間につみたてNISAで投資した資金は、投資した年から20年間、非課税で保有することができます。

例えば、2023年に投資した資金は、2042年まで非課税で運用できます。

基本は保有継続がおすすめ

つみたてNISAの場合、投資対象は長期投資に適した投資信託に限定されています。

そのため、**基本的には途中売却せずに、非課税保有期間が終わるまで保有を続けることをおすすめします。**

つみたてNISAの非課税運用期間は20年です。年間上限の40万円を投資し、年5%の利回りで運用できたとすると、20年後には約103万円になる計算です。

つみたてNISAの運用イメージ

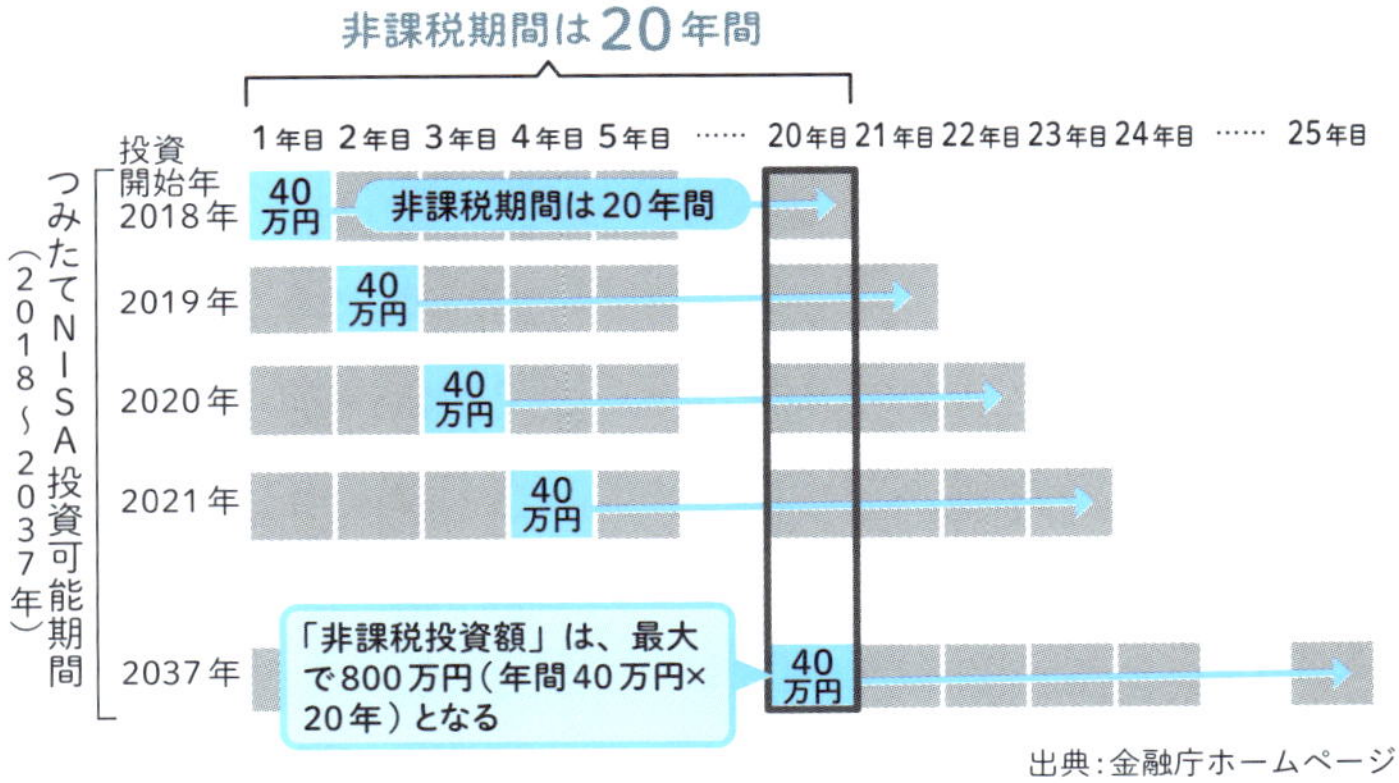

出典：金融庁ホームページ

新NISAの投資枠は、売却すれば翌年以降に復活しますが、つみたてNISAの投資枠は、一度売却すると復活しません。

住宅購入や教育資金など、どうしてもまとまった資金が必要な場合を除き、基本的にはそのまま保有し続ける方が、有利なケースが多いでしょう。

つみたてNISAの売却が必要になった場合

どうしても、非課税保有期間の途中でつみたてNISAの資産を売却する必要が出てきた場合は、残りの非課税保有期間が短いものから順に売却していくようにしましょう。
具体的には、

・2018年投資分（2037年まで非課税）
・2019年投資分（2038年まで非課税）
・2020年投資分（2039年まで非課税）

という順番です。基本的には、運用期間が長いほど、複利効果によって大きなリターンを得られる可能性が高まります。

もちろん、必ずそうなるとは限りませんが、理屈としてはこの順番で売却するのが最適です。

旧NISAと新NISAは、全く別の制度！

「一般NISAやつみたてNISAを売却したら、新NISAの投資枠に影響はないの？」

このような質問を受けることもありますが、全く影響はありませんのでご安心ください。一般NISAやつみたてNISAなどの旧NISAの投資枠と、新NISAの投資枠は、全くの別物です。一見すると同じ「NISA」なので互換性があるように感じますが、制度としては完全に別物です。

今の大人が子どもの頃に遊んだゲームボーイの初代ポケモンと、Nintendo Switch の最新のポケモンはどちらも「ポケモン」というゲームですが、互換性はありませんよね？新NISAと旧NISAの関係も、これと似ています。旧NISAの投資枠を使っている人は、いわば、ラッキーな先行者利益を得ているようなものです。

安心して運用を続け、必要に応じて売却するなど、上手に活用していきましょう！

POINT

非課税保有期間の途中でつみたてNISAを売却する場合は、残りの非課税保有期間が短いものから順に売却していく

やってはいけない！　新ＮＩＳＡ「買い直し」最重要ポイント

さて、ここまで特定口座、一般ＮＩＳＡ、つみたてＮＩＳＡなどで保有する資産の売却戦略についてお話ししました。新ＮＩＳＡでの買い直しを検討されている方も多いと思います。

ただ、新ＮＩＳＡでの買い直しに関しては、重要なポイントがあります。それは、**「間を置かずに、すぐに買い直す」こと**です。

例えば、特定口座で１６０万円（元本１００万円、含み益60万円）の資産を売却すると、税金が12万円引かれ、手元には１４８万円が残ります。この１４８万円は、できるだけ早く新ＮＩＳＡ口座で一括投資してください。「一括は怖いから、何回かに分けて積立……」といった考えはＮＧです。

なぜなら、この行動はインデックス投資の原則を放棄し、タイミングを図った投資をしようとしているからです。

「もう少し下がったら……」と考えるのはNG！

「もう少し株価が下がったら買い直そう……」

そう考えているうちに、株価が上がり続け、結局買い時を逃してしまった……こんな経験をしたことがある方もいるのではないでしょうか？

これは投資初心者によくある失敗例です。「買った瞬間に値下がりしたらどうしよう……」という不安な気持ちは、よくわかります。私自身も、個別株投資をしていた頃は、何度も同じような経験をしました。しかし、もちろん「株価が上がるかもしれない」という可能性もあります。売却後に株価が上昇してしまうと、買い直す時に、より多くの資金が必要になってしまいますし、結果として投資のリターンも悪化してしまいます。

これは、3章で紹介した**「稲妻が輝く瞬間」**で説明した通りです。**インデックス投資では短期的な値動きを気にする必要はありません。**

むしろ、タイミングを見計ろうとすることで、リターンが減少してしまうリスクの方が大きいのです。

だからこそ、売却後は、すぐに買い直すことが重要です。

投資信託を買い直す場合、年末は特に注意が必要！

NISA口座で投資信託を購入する場合、年末の取引には特に注意が必要です。なぜなら、**取引が年末ギリギリになると、非課税枠の適用年度が翌年になってしまうことがある**からです。

投資信託の購入では、「約定日」ではなく「**受渡日**」が重要になります。受渡日とは、証券会社での手続きが完了し、実際に投資信託の売買代金を精算する日のことです。**申込日や約定日が年内であっても、受渡日が翌年になると、翌年の非課税枠が使用されてしまいます**。

例えば、2024年12月27日（金）に、2024年分の投資枠が余っていることに気づき、慌てて楽天証券で「eMAXIS Slim 全世界株式（オール・カントリー）」を購入したとします。楽天証券のサイトで確認すると、投資信託の受渡日は「申込受付日から起算して6営業日目」です。

年末年始の休業日などを考慮すると、このケースでは、受渡日は2025年1月9日(木)頃になる可能性が高く、**2024年ではなく2025年の投資枠が使用されてしまうこと**

年末の取引は「受渡日」に注意！

2024年12月

日	月	火	水	木	金	土
1 大安	2 赤口	3 先勝	4 友引	5 先負	6 仏滅	7 大安
8 赤口	9 先勝	10 友引	11 先負	12 仏滅	13 大安	14 赤口
15 先勝	16 友引	17 先負	18 仏滅	19 大安	20 赤口	21 先勝
22 友引	注文日 23 先負	24 仏滅	25 大安	26 赤口	27 先勝	28 友引
29 先負	受渡日 30 仏滅	31 赤口				

になります（※年末年始の休業スケジュールは証券会社によって異なるため、必ず事前に確認しましょう）。

2024年分の投資枠を使うには？

2024年分の投資枠を使いたい場合は、「受渡日を年内にする」必要があります。上記の例で考えると、楽天証券で「eMAXIS Slim 全世界株式（オール・カントリー）」を購入し、2024年内に受渡を完了させるためには、「12月23日（月）までに申し込みを完了させる」必要があります。

意外と時間に余裕がないことがわかりますね。

年内の非課税枠を使い切りたい場合は、早めに取引を完了させるようにしましょう。**特定口座、一般NISA、つみたてNISAから新NISA口座へ資産を移す場合、時間に余裕を持って計画的に進めることが大切**です。

「もう少し株価が下がってから買おう……」とタイミングを伺っていると、年内に間に合わなくなってしまうかもしれません。

投資信託の場合、仕組み上、売却から買い直しまでにタイムラグが発生するのは避けられません。

そのため、売却と買い直しは、なるべく間を空けずに、速やかに行うように心がけましょう。

POINT

取引が年末ギリギリになると、非課税枠の適用年度が翌年になってしまう。なるべく間を空けずに、速やかに行うのが基本

5章

〝今〟も〝将来〟も豊かに暮らすための年代別ケーススタディ

ここまで、新ＮＩＳＡの基本的な仕組みや活用方法について解説してきました。

しかし、「実際にはどのように使えばいいのか」「自分にはどの方法が合っているのか」、まだイメージが湧かない方もいるかもしれません。

そこで、この章では、年齢や家族構成、ライフプラン、投資目標などが異なるさまざまなケーススタディを通して、新ＮＩＳＡの具体的な活用方法を紹介していきます。

「結婚資金を貯めたい」「住宅を購入したい」「子どもの教育資金を準備したい」「老後の生活資金を確保したい」など、それぞれのケースに合った投資戦略を具体的にイメージできるように解説していきます。

ぜひ、ご自身に近いケースを見つけて、新ＮＩＳＡをどのように活用すれば、あなたの夢を実現できるのか、考えてみてください。

なお、想定利回りは、あくまで過去のデータに基づいたものであり、将来の運用成果を保証するものではありません。

また、グラフは右肩上がりで描かれていますが、実際の相場は好不調を繰り返しながら変動していくため、このようなスムーズな上昇は期待できません。

これらの点をご理解いただいた上で、参考にしていただければ幸いです。

ケース1

時間を味方につけて賢く資産形成！【20代のための新NISA活用術】

登場人物

山田さん
（27歳）

都内在住の会社員。マーケティング部に所属
趣味は旅行とヨガ。将来は結婚や出産も考えているが、今は仕事に集中したいと思っている

ライフプラン

- 30歳までに貯金1000万円を達成
- 30代半ばで結婚、40歳までに子どもを出産
- 老後はゆとりある生活を送りたい

現状

- 年収：400万円
- 支出：200万円（家賃、食費、光熱費、通信費、趣味・娯楽など）

・貯蓄額：300万円

山田さんの悩み

「将来のために貯金はしているけど、このまま銀行預金だけでいいのかな？結婚や出産、老後のことを考えると、もっとお金を増やしたい気持ちもある。でも、投資は難しそうで、時間もあまりかけられない……」

アドバイス

山田さんのように、将来の選択肢を広げたい20代にとって、新NISAは強力な味方になります。全世界株式インデックスファンドに積立投資することで、世界経済の成長を享受しながら、長期的に資産を増やしていくことが可能です。

新NISAのつみたて投資枠を利用すれば、年間120万円まで非課税で投資可能。毎月の積立額は10万円で、年間の投資枠をフル活用できます。

山田さんの場合、20代で運用期間が長く取れるので、毎月10万円投資せずとも、積立額は月5万円にするなどセーブしつつ、ライフイベントやご自身の趣味にもお金を使いながら、無理なく運用するパターンが合っているのではないでしょうか。

投資方針

・目標額：60歳で4000万円
・投資額：年間60万円（毎月5万円）
・投資対象：楽天・オールカントリー株式インデックス・ファンド

積立シミュレーション

・運用期間：33年間（27歳〜60歳）
・想定利回り：年率5％

シミュレーション結果

運用総額 47,387,255円

33年間の運用益
運用益回り（累計）:163.3%

29,387,255円

NISAを利用すると
運用益は非課税となります

運用益に対する非課税額

5,877,451円

投資額合計

1＋2 **18,000,000円**

			想定利回り
1	つみたて投資枠	18,000,000円	5%
2	成長投資枠	0円	5%
	残りの投資枠	0円	

運用期間 開始年齢 27 歳 ～ 終了年齢 60 歳 運用期間 **33年**

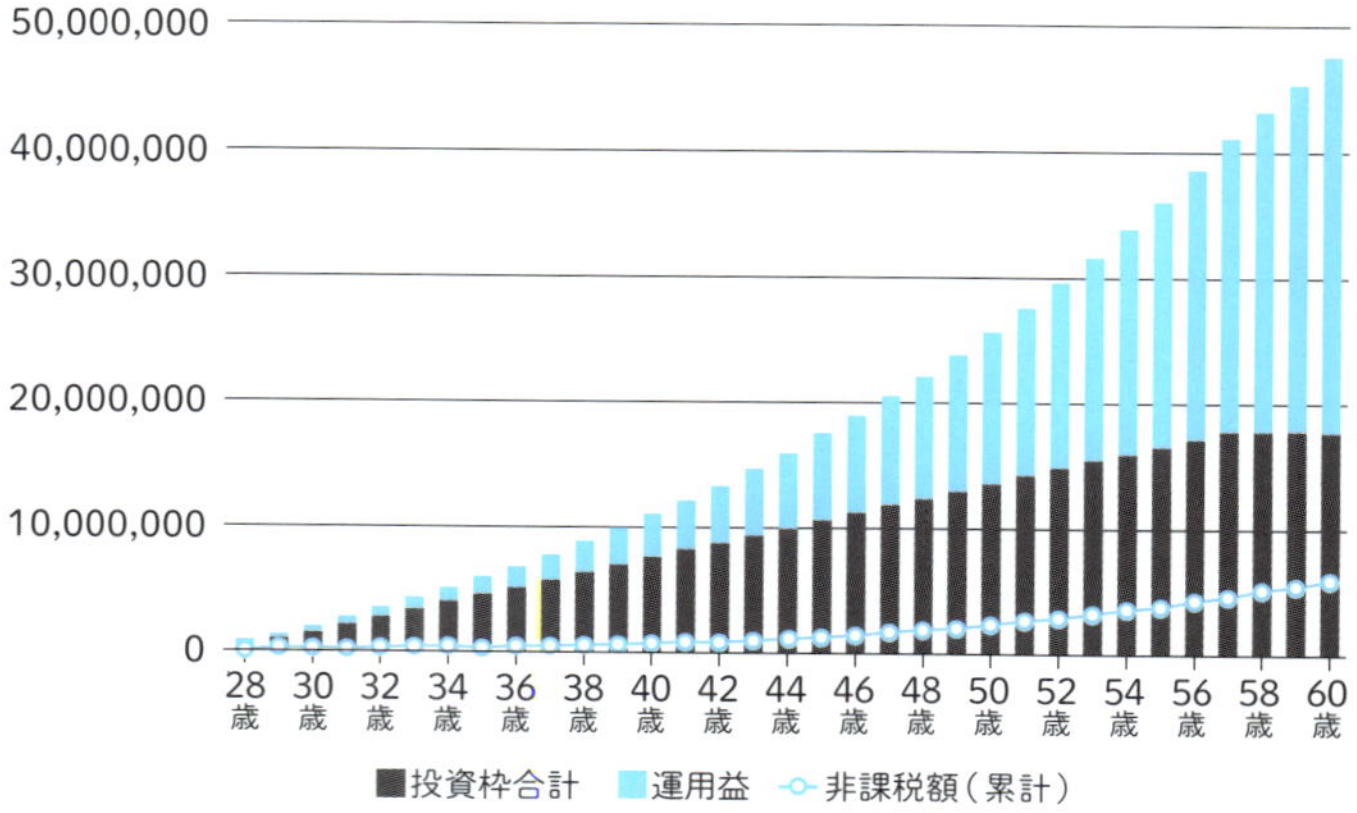

結果まとめ

項目	金額
積立総額	1,800万円
運用収益	2,938万円
60歳時点の資産総額	4,738万円

取り崩しシミュレーション

・金融資産額：4738万円
・毎月の取り崩し額：19・7万円
・想定利回り：年率5％
・資産寿命：0％の場合……20年1ヵ月
　5％の場合……なくならない

取り崩しシミュレーション　資産の寿命は何年？

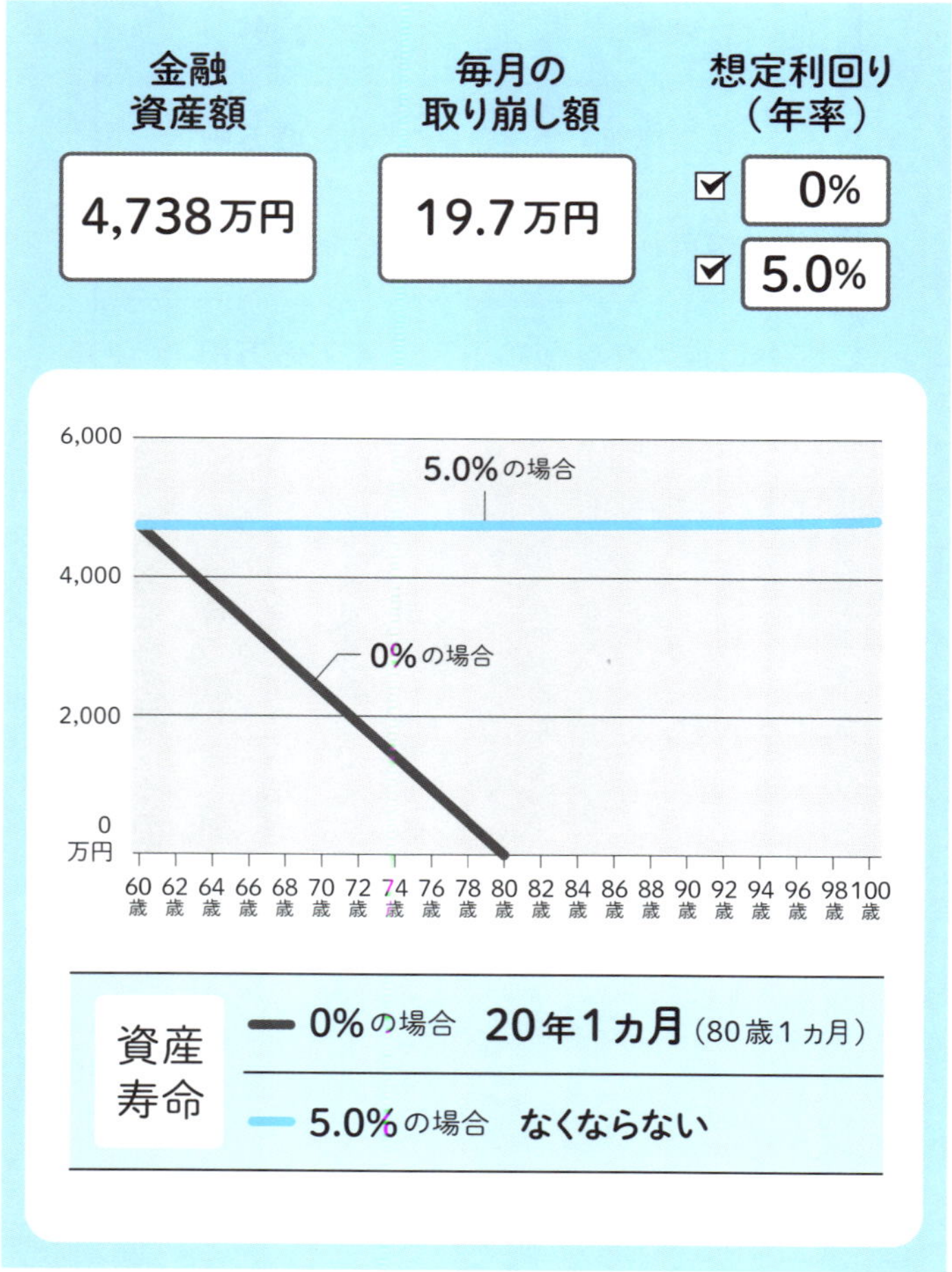

ポイント

月5万円の積立を27歳から57歳まで30年間続ければ、新NISAの非課税投資枠1800万円を全て使えます。それ以降は放置しても、60歳時点で4738万円になる計算です。

60歳から取り崩しを開始する場合、年間236万円（月19・7万円）までなら、売却しても資産は減りませんでした。仮に運用せずに取り崩した場合は、20年1ヵ月でなくなりますので、運用すると資産が長持ちすることがよくわかります。

積立額が月5万円でも、20代のうちから開始すると、時間が味方になり大きな資産を築けます。これだけの資産を蓄えて老後生活を迎えられたら、非常に心強いですよね。

よく言われることですが、老後の1万円と若い時の1万円は価値が異なります。将来に向けた資産形成をしながら、今の生活を大切にする。**独身の時は、支出もコントロールしやすく資産形成が捗る時期ですが、身軽で何でもできることは大きなメリットです。**

ぜひ趣味の旅行とヨガなども楽しみつつ、無理のない資産形成をしてみてはいかがでしょうか。

ケース
2

教育費と老後資金を両立！
【子育て世代のための新NISA活用術】

登場人物

田中太郎さん（32歳）

都内在住の会社員。システムエンジニアとして活躍中
趣味は家族でキャンプに行くこと

田中花子さん（32歳）

太郎さんの妻。パートタイムで事務の仕事をしている
趣味はママ友とのランチとガーデニング
お子さん：田中陽斗くん（2歳）、田中陽菜ちゃん（1歳）

ライフプラン

・5年以内にマイホームを購入予定（予算5000万円）
・将来かかる子どもの教育資金もしっかり準備したい
・自分たちの老後資金もコツコツ貯めておきたい

現状

- 世帯年収：600万円（夫：500万円、妻：100万円）
- 世帯支出：400万円（家賃、食費、保育料、子どもの習い事、趣味・娯楽など）
- 貯蓄額：500万円

田中夫妻の悩み

「子育てにかかる費用が心配……。今の狭い賃貸マンションでは手狭になったので、子どもが小学生になる5年以内には、子育てするエリアを決めてマイホームを購入したい。これから教育資金もかかるし、それと並行して老後資金も準備する必要があると考えると、不安しかない……」

アドバイス

田中夫妻のように、結婚や子育てをきっかけに、住宅資金、教育資金、老後資金など将来のお金について考え始める人は多いのではないでしょうか。

収入や資産が多いお金持ちなら、全て貯金で備えることも可能ですが、私たちのような普通の人の場合、限られた収入をうまく配分し、上手にやりくりする必要があります。

その際のポイントは、「貯金で備えるべきもの」と「投資で備えるべきもの」の見極めです。例えば、住宅資金や子どもの学費など、数年以内に確実に発生する費用は計画的に貯金する。一方で、高校や大学の学費、老後資金など、10年以上先に発生する費用は投資で準備する。このような「貯金」と「投資」の使い分けが重要です。新NISAは素晴らしい制度ですが、「投資は余剰資金で行う」この大前提を抑えた上で活用していきましょう。

投資方針

- 投資額：年間120万円（毎月10万円）
- 貯金額：年間80万円（毎月6〜7万円）
- 投資対象：eMAXIS Slim 全世界株式（オール・カントリー）

積立シミュレーション

- 運用期間：28年間
- 想定利回り：年率5％

シミュレーション結果

運用総額 50,140,075円

28年間の運用益
運用益回り（累計）：178.6%
32,140,075円

NISAを利用すると運用益は
非課税となります

運用益に対する非課税額
6,428,015円

投資額合計
1+**2**　**18,000,000円**

			想定利回り
1	つみたて投資枠	18,000,000円	5%
2	成長投資枠	0円	5%
	残りの投資枠	0円	

運用期間　開始年齢 32 歳 ～ 終了年齢 60 歳　運用期間 **28年**

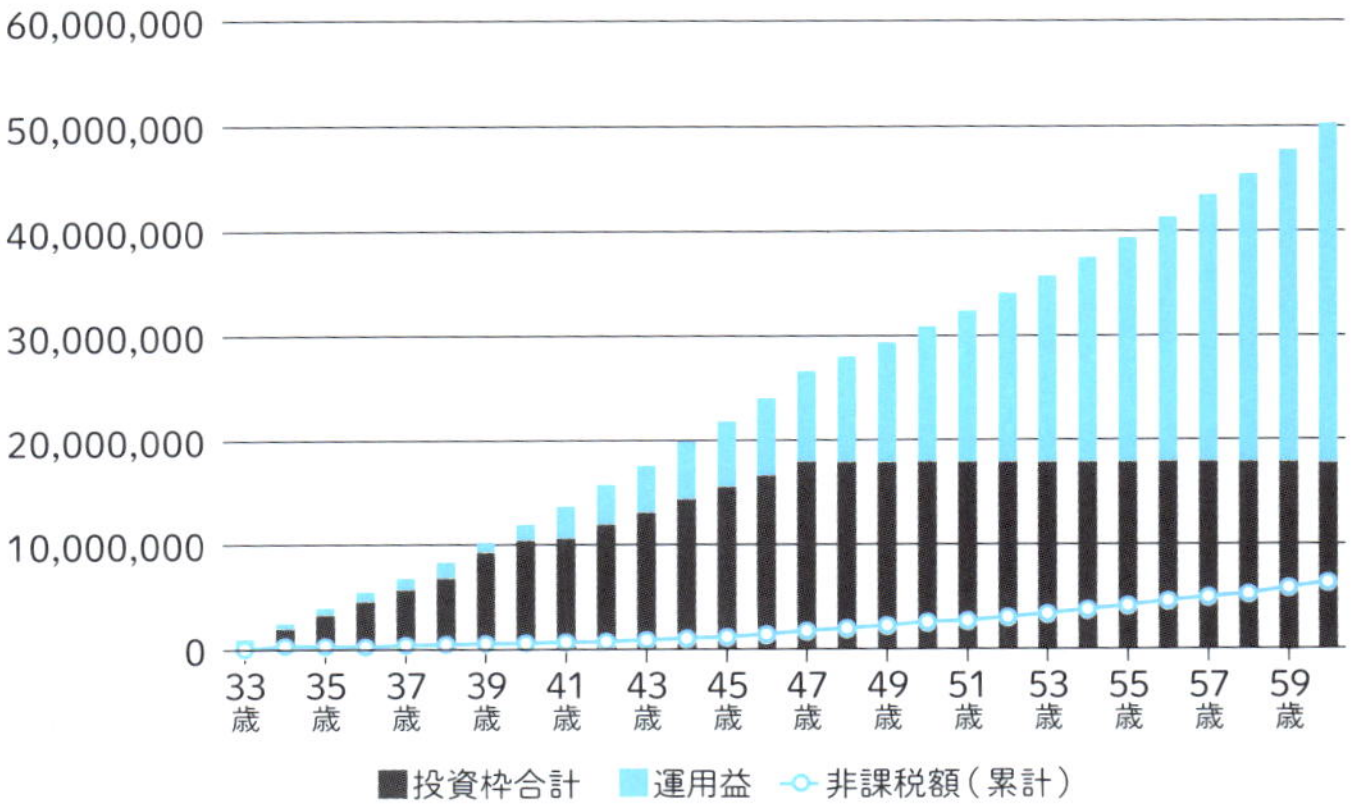

結果まとめ

項目	金額
積立総額	**1800万円**
運用収益	**3214万円**
60歳時点の資産総額	**5014万円**

取り崩しシミュレーション

・金融資産額：5014万円
・毎月の取り崩し額：20・8万円
・想定利回り：年率5％
・資産寿命：0％の場合……20年2ヵ月
5％の場合……なくならない

取り崩しイメージ

金融資産額	毎月の取り崩し額	想定利回り（年率）
5,014万円	20.8万円	☑ 0% ☑ 5.0%

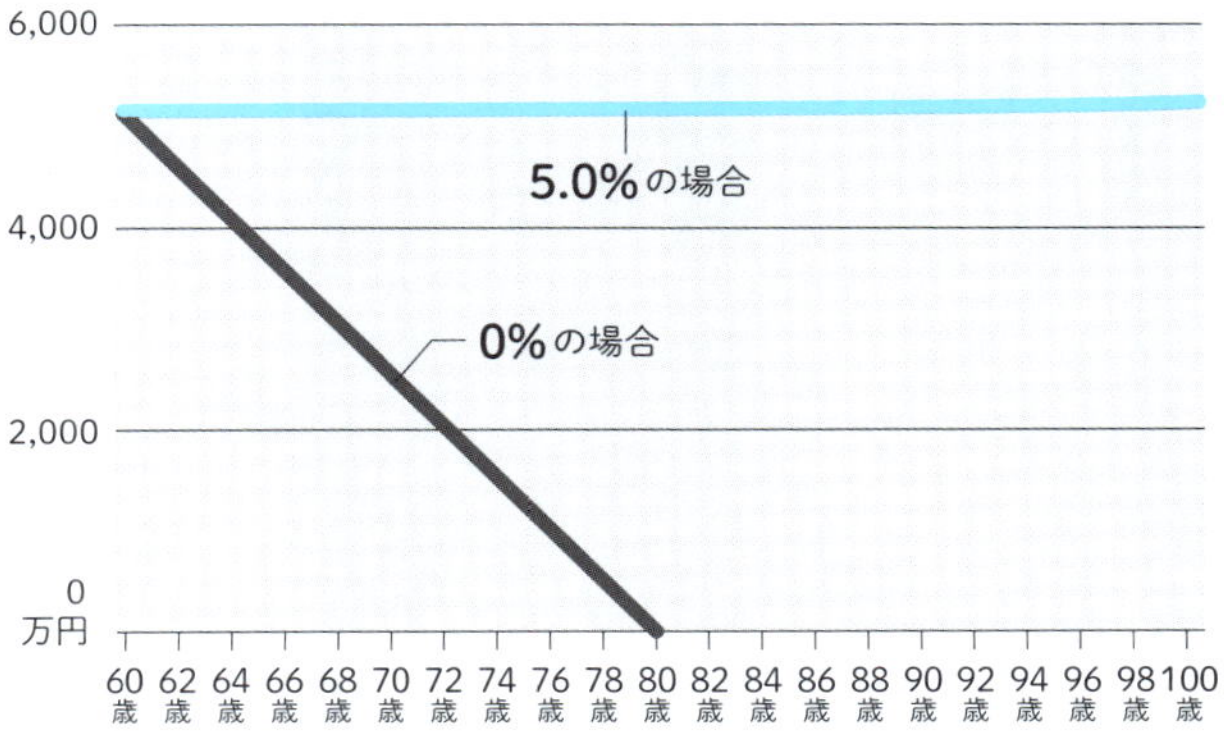

資産寿命	
0%の場合	20年2カ月（80歳2カ月）
5.0%の場合	なくならない

ポイント

月10万円の積立を47歳まで15年間続ければ、新NISAの非課税投資枠1800万円を全て使えます。

それ以降はほったらかすだけで、60歳で5014万円になる計算です。

新NISAの投資枠を埋める15年後は、お子様は17歳と16歳の高校生で生活費も教育費も多くかかる時期です。

この時点で老後に向けた投資が完了し、**稼いだお金は全て家族のために使っていいとわかれば、お金の不安はかなり減るのではないでしょうか。**

また、貯金も年間80万円ずつ行えば、住宅購入の初期費用、家族旅行の費用、お子様の学費など、まとまった資金も準備できます。

もちろん、支出は変動しますので、計画通りにはいかないと思います。その場合は、4章の出口戦略で説明した通り、新NISAで積み立てた投資信託を「都度売却」もしくは「定期売却」して資金を補填しましょう。

そして、お子様が独立後、お金に余裕が出たら投資を再開することも可能です。このように柔軟な運用ができることが、新NISAの魅力です。

予定通り60歳で5014万円の資産ができて取り崩しをする場合、年間249・6万円(月20・8万円)までなら、売却しても資産は減りませんでした。仮に運用せずに取り崩した場合は、20年2ヵ月でなくなります。

夫婦2人の年金に加えて、これだけの収入があれば、ゆとりある老後生活を送れると思いませんか?

子育て世帯の資産形成は大変ですが、「貯金」と「投資」を使い分けることで、賢く資産形成を進めることができます。

新NISAも上手に活用して、バランスのいい資産形成をしていきましょう!

ケース3

50代からでも遅くない！【老後資金を貯めつつセカンドライフも楽しむ新NISA活用術】

登場人物

鈴木浩二さん（55歳）
埼玉県在住の会社員。商社で管理職として働いている
趣味はゴルフと旅行

鈴木和子さん（53歳）
浩二さんの妻。専業主婦。趣味は料理教室に通うことと、友人とのランチ

鈴木健太さん（25歳）
長男。すでに独立し、都内で一人暮らしをしている

鈴木美咲さん（22歳）
長女。大学を卒業し、就職が決まった

ライフプラン

・子どもたちが独立したので、夫婦で旅行や趣味などを楽しみたい
・老後の生活資金はしっかり準備したい
・子どもたちの結婚資金の援助も考えている

現状

・世帯年収：700万円（夫の収入のみ）
・世帯支出：300万円（住宅ローン返済、食費、通信費、趣味・娯楽、旅行など）
・貯蓄額：800万円
・退職金：2000万円

鈴木夫妻の悩み

「子どもが独立して、少し時間に余裕ができた。旅行や趣味を楽しみたいけど、年金だけでは不安。老後の生活資金を賄うだけでなく子どもへ資金援助もできるような、お金に困らない老後生活を送りたい。投資に興味はあるが、もう55歳なので遅くないのか不安……」

アドバイス

鈴木夫妻のように、老後資金の準備を始める50代にとっても、新NISAは非常に有効な手段となります。確かに、定年までの期間は限られていますが、退職後も運用しながら取り崩すことを前提とすれば、運用期間は40年近く取れますので、十分に長いです。

ですので、鈴木さんの場合は、5年間で1800万円の投資枠を全て埋めて、それ以降は運用しながら少しずつ取り崩していくことが基本になります。

ただ、シニア世代の資産形成で注意しないといけない点は、リスク管理です。一般的に、シニア世代は収入が減少傾向にあり、定年を迎えたらほぼ0になる人が多いです。

現在の貯金や退職金をまとめて株式などのハイリスクな投資に回すことは、ご自身のリスク許容度を大きく超えてしまう恐れもあります。

退職金などで大金が入ると、「このお金をうまく活用せねば……」と思われるかもしれませんが、無理に増やそうと焦って投資する必要はありません。現金で持っておく、もしくは債券など値動きの小さい資産に投資するなど、資産全体のリスクを下げる運用を意識するべきだと考えます。

くれぐれも、金融機関の営業担当の口車に乗せられて、過度な投資をしないようにご注意ください！

投資方針

・投資額：年間360万円（毎月30万円）
▼つみたて投資枠：年間120万円（毎月10万円）
▼成長投資枠：年間240万円（年初一括 or 毎月20万円）
・投資対象：eMAXIS Slim 全世界株式（オール・カントリー）
※退職金2000万円は、現金保有もしくは債券など安定資産へ投資

積立シミュレーション

・運用期間：10年間（65歳までの期間）
・想定利回り：年率5％

シミュレーション結果

運用総額 26,070,611円

10年間の運用益
運用益回り（累計）：44.8%
8,070,611円

NISAを利用すると運用益は
非課税となります

運用益に対する非課税額
1,639,545円

投資額合計
1+2 18,000,000円

			想定利回り
1	つみたて投資枠	6,000,000円	5%
2	成長投資枠	12,000,000円	5%
	残りの投資枠	0円	

運用期間 開始年齢 55 歳 ～ 終了年齢 65 歳 運用期間 10年

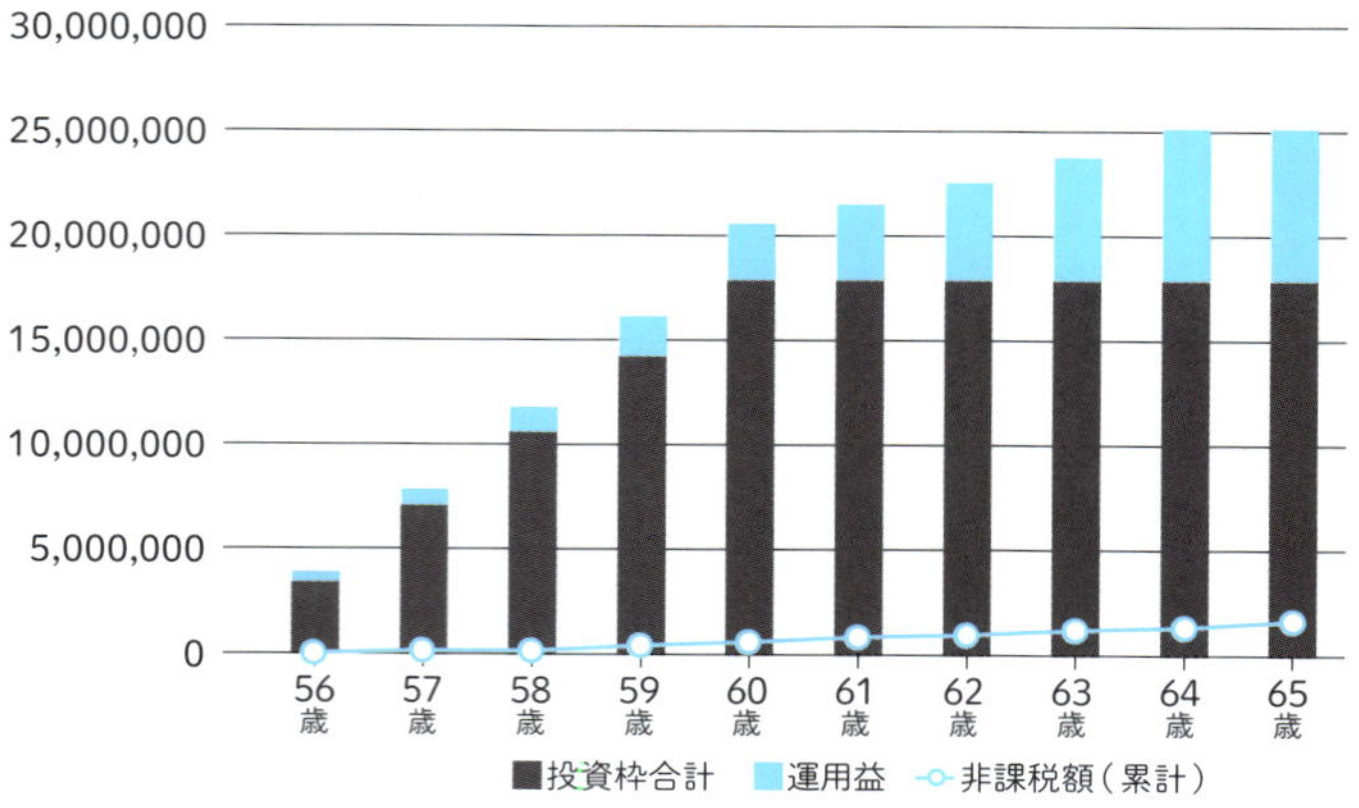

結果まとめ

項目	金額
積立総額	1800万円
運用収益	807万円
65歳時点の資産総額	2607万円

取り崩しシミュレーション

・金融資産額：2607万円
・毎月の取り崩し額：10・8万円
・想定利回り：年率5％
・資産寿命：0％の場合……20年2ヵ月
5％の場合……なくならない

取り崩しイメージ

金融資産額	毎月の取り崩し額	想定利回り（年率）
2,607万円	10.8万円	☑ 0% ☑ 5.0%

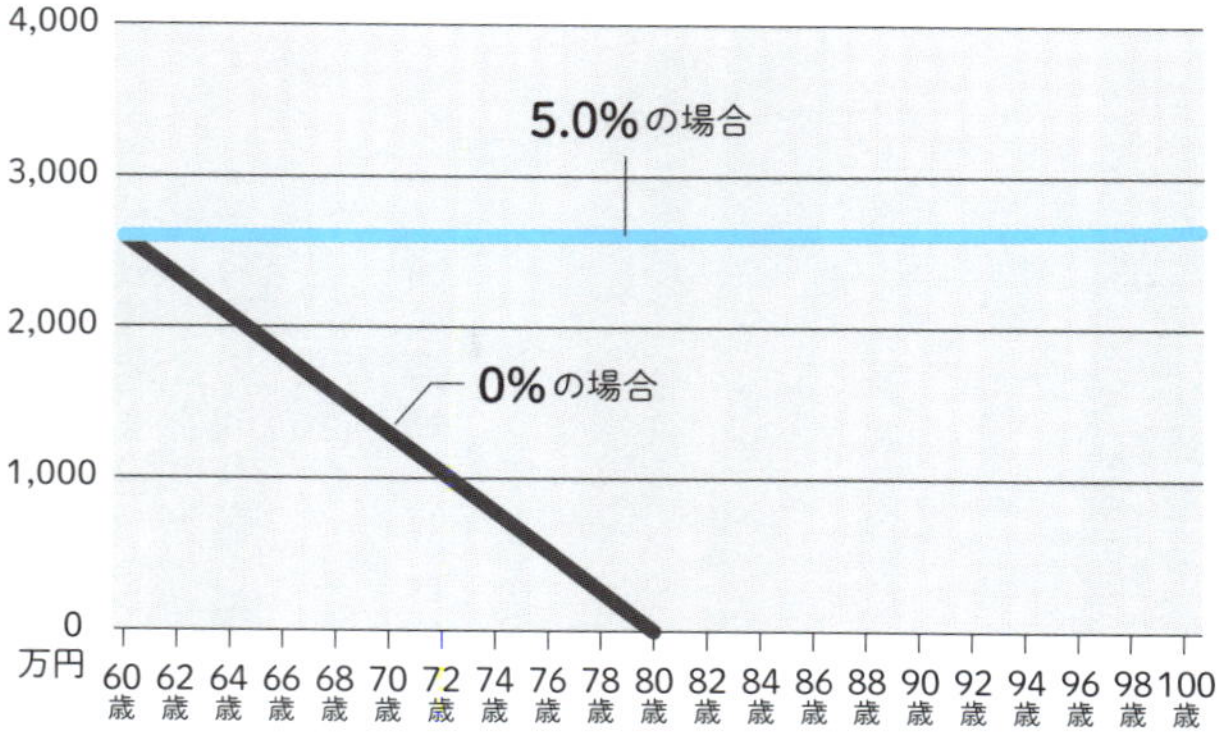

資産寿命		
	0%の場合	20年2カ月（80歳2カ月）
	5.0%の場合	なくならない

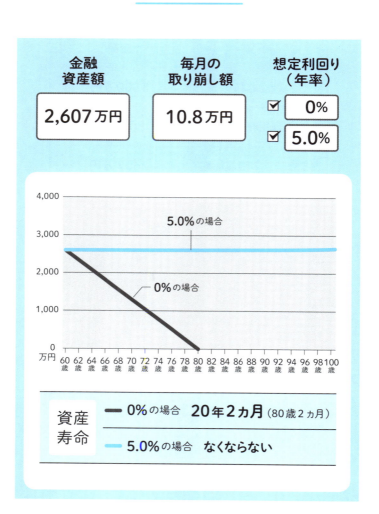

ポイント

年間360万円（月30万円）の投資を60歳まで5年間続ければ、新NISAの非課税投資枠1800万円を全て使えます。いわゆる最短コースですね。それ以降は追加投資なしでも、65歳で2607万円になる計算です。

65歳から取り崩しをする場合、年間129・6万円（月10・8万円）までなら売却しても資産は減りません。仮に運用せずに取り崩した場合は、20年2ヵ月でなくなります。

65歳からは年金受給もあるので、年金で賄えない分を貯金や新NISAの取り崩しで賄うことが基本戦略です。退職金2000万円は何かあった時のために現金で残しておく、もしくは債券などのローリターン・ローリスクの安定資産で運用するのがいいでしょう。

例えば、債券ETFの「AGG」や「BND」へ退職金の2000万円を投資すれば、比較的安心して運用できます。多少の値動きはありますが、株式ほど値動きは激しくなく、ほぼ元本をキープしつつ、年間3％の60万円程度の分配金が得られます。

もしリスク許容度が高く、「新NISA以外でも運用したい！」と考えている方は、検討してみてはいかがでしょうか。

AGG（iシェアーズ・コア 米国総合債券市場 ETF）のチャート

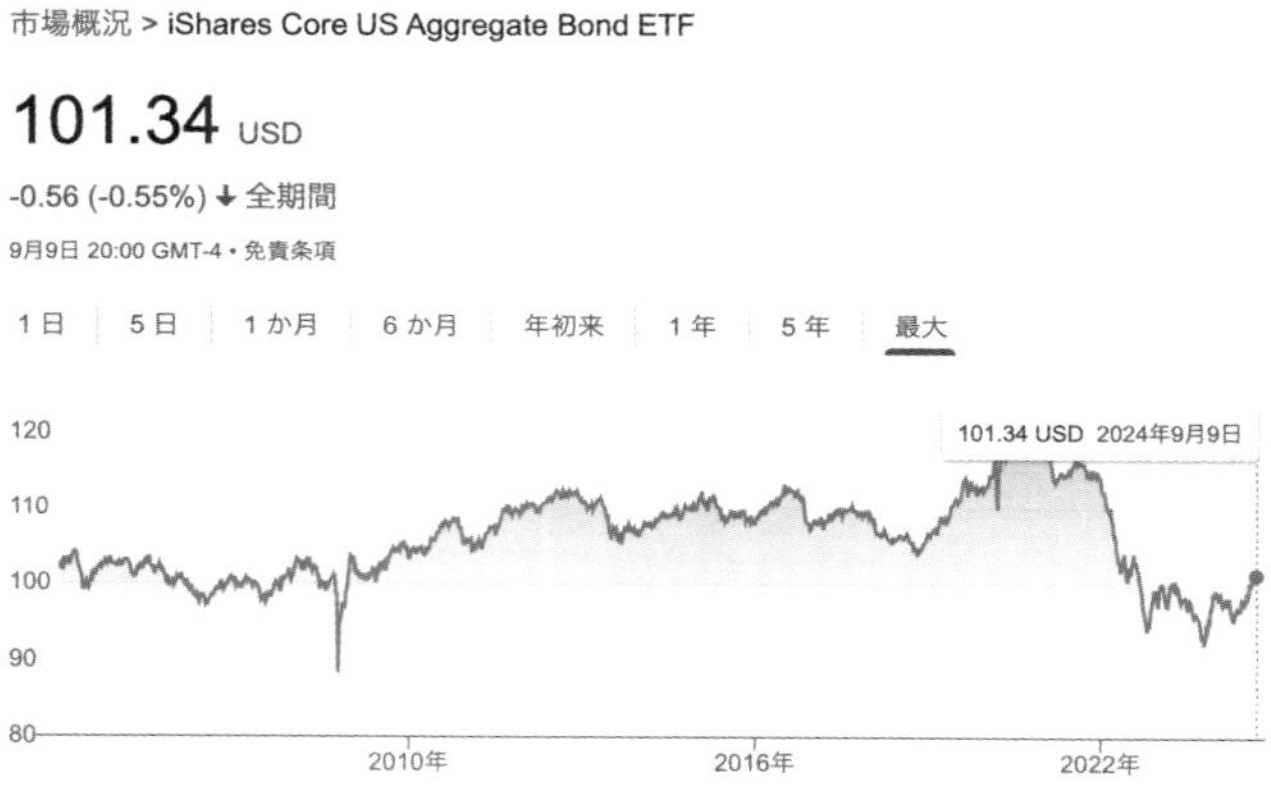

とはいえ、購入する商品を増やせば増やすほど、ポートフォリオは複雑化してしまいます。２章でお伝えした通り、基本は「現金＋全世界株式」で、現金比率でリスク調整するだけでも十分です。

もっと言えば、適切な家計管理をして「収入＞支出」の状態を作ることが重要です。冒頭でもお伝えした通り、支出を低く抑えて年金や貯金だけで生活できるなら、わざわざ新ＮＩＳＡでハイリスクな株式に投資する必要はありません。

ここまで頑張って貯めた大切な資産ですので、投資をする際は、ご自身の収入、資産、投資経験、性格などを踏まえ、無理のない範囲でご検討ください！

新NISAをあなたの人生設計の頼もしいパートナーに

ここまで、さまざまなケーススタディを通して、新NISAの具体的な活用方法を見てきました。

年齢やライフプランによって、新NISAの使い方は人それぞれ。大切なのは、ご自身の状況に合わせて、新NISAをどのように活用すれば、より豊かな未来を描けるのかを考えることです。

新NISAは、控えめに言って神すぎる制度です。生涯を通じて利用でき、1800万円と投資枠も大きく、売却しても投資枠が復活して再利用できる。長期的な資産形成をする上で、非常に頼もしいパートナーです。

本章で紹介したケーススタディを参考に、あなただけの新NISA活用プランを立ててみてください！

6章

9割の〝普通の人〟が投資を一生続けるための心得

ここまで、新NISAの仕組みや活用法、そしてさまざまなケーススタディを通して、具体的な運用方法まで解説してきました。

これで、あなたも新NISAマスター！　……と言いたいところですが、実は、新NISAを始めただけで、未来がバラ色に変わるわけではありません。

なぜなら、投資で最も重要なことは、「知識」ではなく「行動」、さらに言えば「継続」だからです。どんなに素晴らしい投資戦略を立てても、途中で挫折してしまっては、元も子もありません。

新NISAは、あくまであなたの夢を実現するための「ツール」に過ぎず、そのツールを最大限に活かすも殺すも、自分次第です。

そこで、この章では、私がここまでの投資経験で感じた、「投資を続けるための大切な心得」を5つお伝えします。

少しでもあなたの背中を押すことができれば幸いです。

心得① 着実に資産を増やすなら「シンプルな投資」が一番

シンプルな投資とは、本書で推奨している「インデックス投資」です。

私はこれまで、成長株、高配当株など、さまざまな個別株投資に挑戦してきました。投資の知識は深まりましたし、個別株投資の難しさも身をもって経験しました。

しかし、正直なところ、資産増加にはほとんど貢献しませんでした。むしろ、時間と労力、そして精神的なストレスばかりが募り、肝心の資産は思うように増えなかったのです。

今振り返ると、「最初から素直にインデックスファンドに投資していれば……」と強く感じています。

例えば、私が本格的に投資を始めた2014年当時のS&P500の値は約2000ptでした。執筆時点では5633ptなので、2・81倍の成長です。

神経をすり減らしながら個別株投資に熱中していた時間は、一体何だったのか……。**あの時、大人しくインデックス投資をしていれば、手間なく今よりも資産を増やせていたは**

S&P500のチャート

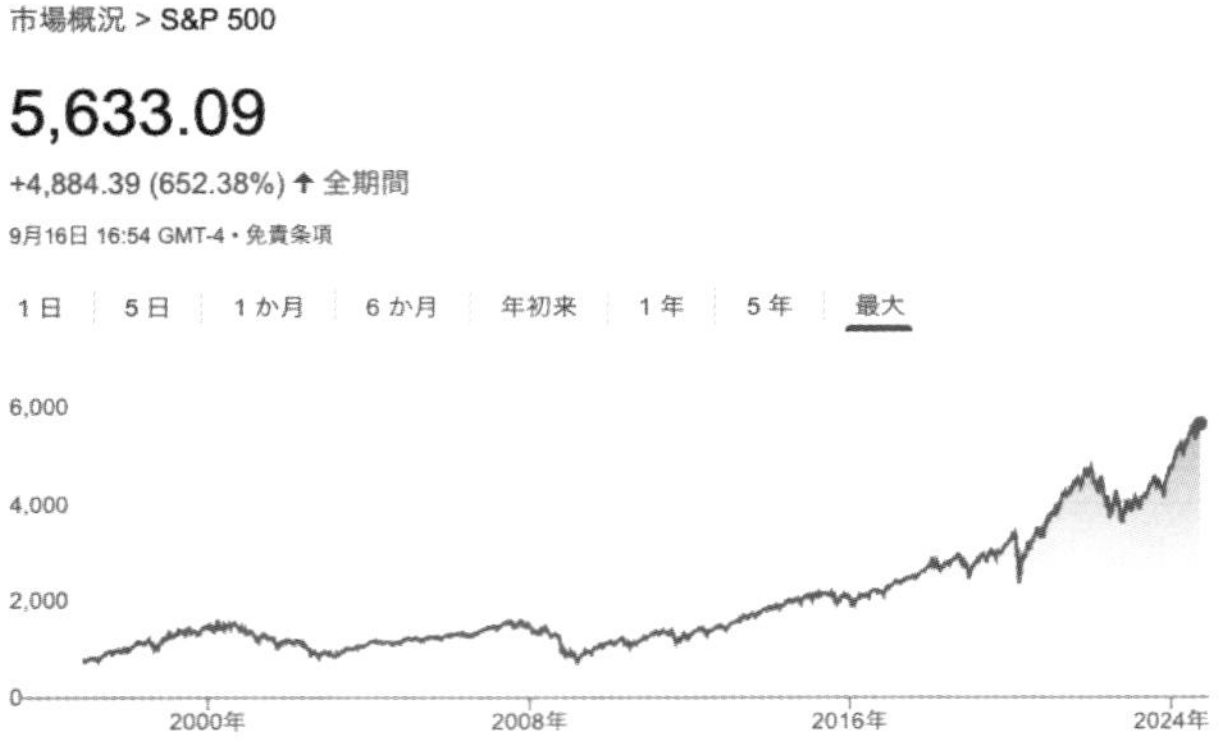

ずなのに……と、後悔の念に駆られます。

もちろん、個別株投資など色々な投資に手を出したからこそ、インデックス投資のすごさを強く感じられたことは間違いありません。

ですので、高い勉強代と捉えればいいのかもしれませんが、単純に数字だけ見ると、最初からインデックス投資を選べばよかったと思います。

投資銘柄で悩むのは時間の無駄

インデックス投資を始める際、「どの銘柄に投資すればいいんだろう?」と、多くの人が悩むのではないでしょうか?

私自身も、S&P500、VTI(全米株式)、全世界株式(オルカン)など、さまざまなインデックスファンドを購入しました。当時は、「決められないから、とりあえず全部買ってみよう!」という安易な考えで色々なファンドを購入し、分散投資をしているつもりになっていました。

しかし、今となっては、少し後悔しています。なぜなら、全世界株式と全米株式を両方購入したところで、分散効果は薄いからです。

全世界株式はアメリカ株の比率が約6割、全米株式は100%アメリカ株。結局、どちらも「株式」という資産クラスに集中投資している状態であり、値動きも似通っています。

次のページの図は、過去30年間の米国株式、全世界株式、日本株式の株価指数の推移です。2010年代はアメリカ株が大きく伸びたため、米国株式のリターンが最も良くなっていますが、値動きの仕方は似ていますよね。

米国株式と全世界株式の値動きは似ている

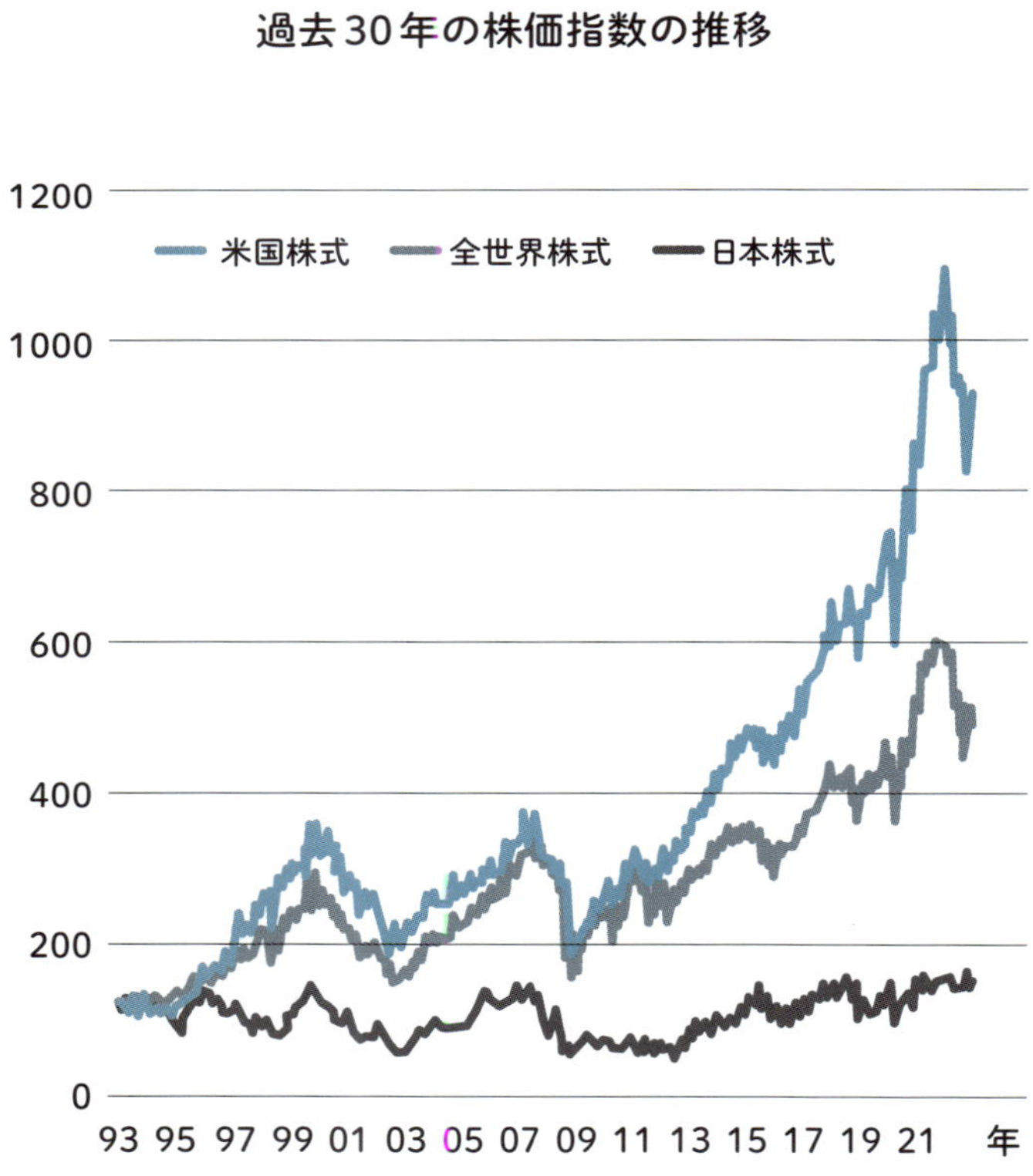

※Morningstar Directより作成。全て配当を含まない指数で1993年を100として
日本株式は円建て、米国株式と全世界株式 はドル建ての値を指数化

資産クラス間の相関性を示す指標として、「相関係数」があります。

相関係数とは、銘柄間やファンド間、指数などの値動きの連動性を表す指標です。相関係数は-1から1までの範囲で表され、その値によって相関の強さを示します。

相関係数の値と相関の強さの関係は次の通りです。

- **相関係数が1に近いほど、一方の銘柄の上昇率（下落率）が大きくなると、他方の銘柄の上昇率（下落率）も大きくなる傾向が強い**
- **相関係数が0に近いほど、双方の銘柄の騰落率の動きには関連性がないと考えられる**
- **相関係数が-1に近いほど、一方の銘柄の騰落率が大きくなるともう一方の銘柄の値動きが反比例する傾向になる**

要するに、相関係数は、分散投資を考える際に利用すると、どの資産を組み合わせればリスクの軽減に繋がるかがわかるということです。

主要資産ごとの相関係数

直近10年間の相関係数

	日本株式	米国株式	世界株式	新興国株式	米国ハイ・イールド債券	新興国国債（米ドル）	新興国国債（現地通貨）	米国REIT	J-REIT	日本国債	先進国国債	米国10年国債	米ドル・円
日本株式	1,00	0.68	0.69	0.46	0.50	0.29	0.20	0.38	0.40	-0.17	-0.15	-0.26	0.40
米国株式	0.68	1.00	0.97	0.70	0.80	0.66	0.46	0.77	0.48	0.15	0.37	0.10	-0.05
世界株式	0.68	0.98	1.00	0.81	0.84	0.73	0.58	0.76	0.47	0.13	0.44	0.11	-0.14
新興国株式	0.48	0.65	0.77	1.00	0.71	0.73	0.74	0.56	0.30	0.09	0.50	0.11	-0.33
米国ハイ・イールド債券	0.60	0.86	0.88	0.62	1.00	0.83	0.62	0.70	0.47	0.24	0.48	0.17	-0.26
新興国国債（米ドル）	0.51	0.82	0.89	0.83	0.85	1.00	0.72	0.68	0.41	0.36	0.69	0.43	-0.47
新興国国債（現地通貨）	0.30	0.63	0.72	0.79	0.67	0.87	1.00	0.44	0.31	0.16	0.55	0.15	-0.43
米国REIT	0.51	0.89	0.89	0.63	0.78	0.78	0.61	1.00	0.50	0.34	0.48	0.37	-0.18
J-REIT	0.41	0.36	0.33	0.09	0.29	0.26	0.06	0.35	1.00	0.24	0.06	-0.09	0.12
日本国債	0.36	0.46	0.43	0.23	0.43	0.39	0.21	0.40	0.23	1.00	0.48	0.48	-0.30
先進国国債	0.31	0.73	0.79	0.70	0.78	0.87	0.84	0.70	0.04	0.41	1.00	0.78	-0.80
米国10年国債	0.28	0.66	0,69	0.59	0.70	0.77	0,70	0.65	0.04	0.45	0.95	1,00	-0.58
米ドル・円	0.04	-0.38	-0.47	-0.57	-0.56	-0.70	-0,75	-0.39	0.21	-0.14	-0.82	-0,75	1.00

直近3年間の相関係数

では、世界株式と米国株式の相関係数はどうかというと、直近3年が「0・98」と、非常に強い相関があることを示しています。これでは両方持っても分散効果は期待できませんよね。

リスクを抑えるための分散投資を行うのであれば、株式だけでなく、「現金」「債券」「ゴールド」など、相関性の低い資産クラスを組み合わせる必要があります。

また、保有する銘柄が増えるということは、それだけ管理の手間も増えます。売却が必要になった際には、「どの銘柄を、どれくらい売却すれば良いのか？」と迷いが生じやすくなりますので、管理面からも保有銘柄は少なくシンプルにした方がいいです。

ですので、2章で述べた通り、一般人は「全世界株式＋現金」のシンプルなポートフォリオで始めることをおすすめします！

心得② 投資に〝詳しい人〟と〝稼げる人〟は別

インデックス投資は、基本的にほったらかしでOK。だからこそ、時間を持て余し、「もっとリスクを取って、インデックスファンド以上のリターンを狙いたい！」と考える人もいるかもしれません。

投資で着実に資産を増やしたいのであれば、個別株投資に手を出すのは、おすすめしません。なぜなら、**個人がプロの投資家以上に詳しくなることは、至難の業だから**です。

株式市場には、優秀な「プロ」たちがひしめき合っています。

- **経験豊富な専業投資家**
- **最新鋭のツールと情報網を駆使する機関投資家**

そんな「プロ」たちを相手に、素人が知識や情報量で勝とうとするのは、あまりにも無謀。麻雀を覚えたての初心者が、麻雀プロに戦いを挑むようなものです。

もちろん、短期的にはラッキーで勝つこともあるかもしれません。しかし、長期的に勝ち続けることは、極めて難しいです。

【実体験】投資の勉強量と成績は比例しない

私自身も一部の資金で個別株投資を楽しんでいますが、それはあくまで「趣味」として割り切っています。変な話ですが、個別株投資では損してもいいから、勉強や経験に繋がればいいなという考えです。

ただ、恥ずかしながらこの考え方に至るまでは多くの失敗を経験し、回り道をしてきました……。

投資を始めてから数年は、個別株を中心にスイングトレード（短期投資）に勤しんでいました。株式投資に関する本を読み漁り、企業分析やチャート分析も勉強して投資したものの、悲しいことに費やした時間とリターンは比例しませんでした。

むしろ、値動きが大きいと仕事中も値動きが気になりソワソワして、休憩時間やトイレで相場確認をしてしまい、仕事に身が入らなかったこともありました。これは非常に反省しています……。

詳しくなくても稼げる人もいる

「でも、投資先の企業を徹底的に分析して詳しくなれば、投資で成功できるのでは？」

そう考えている人もいるかもしれません。

確かに、SNSやブログで鋭い分析を披露している人、公認会計士や企業の経理担当者など、企業の財務分析に関する深い知識を持つ人はたくさんいます。

もしも「知識量＝投資成績」であれば、彼らは皆、莫大な資産を築いているはずです。

しかし、現実はそうではありません。つまり、**投資の世界では、知識の量と投資成績は、必ずしも比例しない**のです。

実際、頻繁に売買を繰り返す「アクティブ投資家」よりも、淡々とインデックスファンドに投資を続ける「パッシブ投資家」の方が、結果的に多くの資産を築いているケースも少なくありません。

知識を深めることは、もちろん無駄ではありません。しかし、投資で成功するために、必ずしも「マニア」になる必要はないのです。

投資手法はコスパが大事

むしろ、過剰な情報収集や複雑な分析に時間を費やすことで、プライベートの時間が減る恐れもあります。

投資は、あくまでも「手段」です。知識を深めることに夢中になるあまり、本来の目的を見失ってしまっては本末転倒です。

資産形成は、結果だけでなく過程も重要です。投資手法をシンプルにすることで、時間とお金の両方が得られます。空いた時間で家族と過ごしたり、趣味に没頭したり、自己成長に励んだり……人生をより豊かにするために時間を使えます。

シンプルかつ効果的な方法を選び、それを愚直に実行すること。一般人が投資で成功し、心豊かな人生を送るためには、これが最もバランスの取れた手法ではないでしょうか。

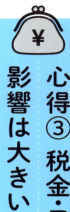

心得③ 税金・コストの影響は大きい

「新NISAで長期投資をするよりも、短期トレードを繰り返した方がお金は増えるのでは……?」

こう考える人もいるかもしれません。私も初心者の時はこう考えていたのですが、これは全くの間違いでした。**投資において、税金やコストの影響を軽視してはいけないと、強く反省しています。**

【実体験】短期投資でコツコツドカン

かつて、私はテーマ株のスイングトレードに熱中していました。特定口座で取引していたため、利益が出るたびに約20%の税金が発生していました。

当時は、「税金以上に儲ければいいんだ!」という安易な考えで、コツコツと利益確定を繰り返していました。

しかし、時には大きな損失を出してしまうこともあり……まさに、**典型的なダメ投資家**のパターンに陥っていたのです。

なぜ、私たちは、こんな非合理的な行動を取ってしまうのでしょうか？

実は、人間がこのような行動をしてしまう理由は、心理学の分野でも研究されています。

これは、**「プロスペクト理論」**という言葉を、聞いたことがあるでしょうか？

これは、**人間は利益を得ることよりも、損失を避けることを強く好む傾向があるという意思決定に関する理論**です。例えば、3万円の利益が出た時の嬉しさよりも、3万円の損失を出した時の悲しさの方が、私たちに与える精神的なダメージは大きいのです。

私自身も、例に漏れず、このプロスペクト理論の罠にハマってしまっていました。

- **10万円の利益が出た時↓すぐに売却し、税金で2万円（20%）が差し引かれても、8万円の利益を確保！**
- **含み損を抱えている時↓「いつか戻るはず……」と信じて保有を続け、気づけば20万円以上の損失に……**

コストの差によるリターンへの影響

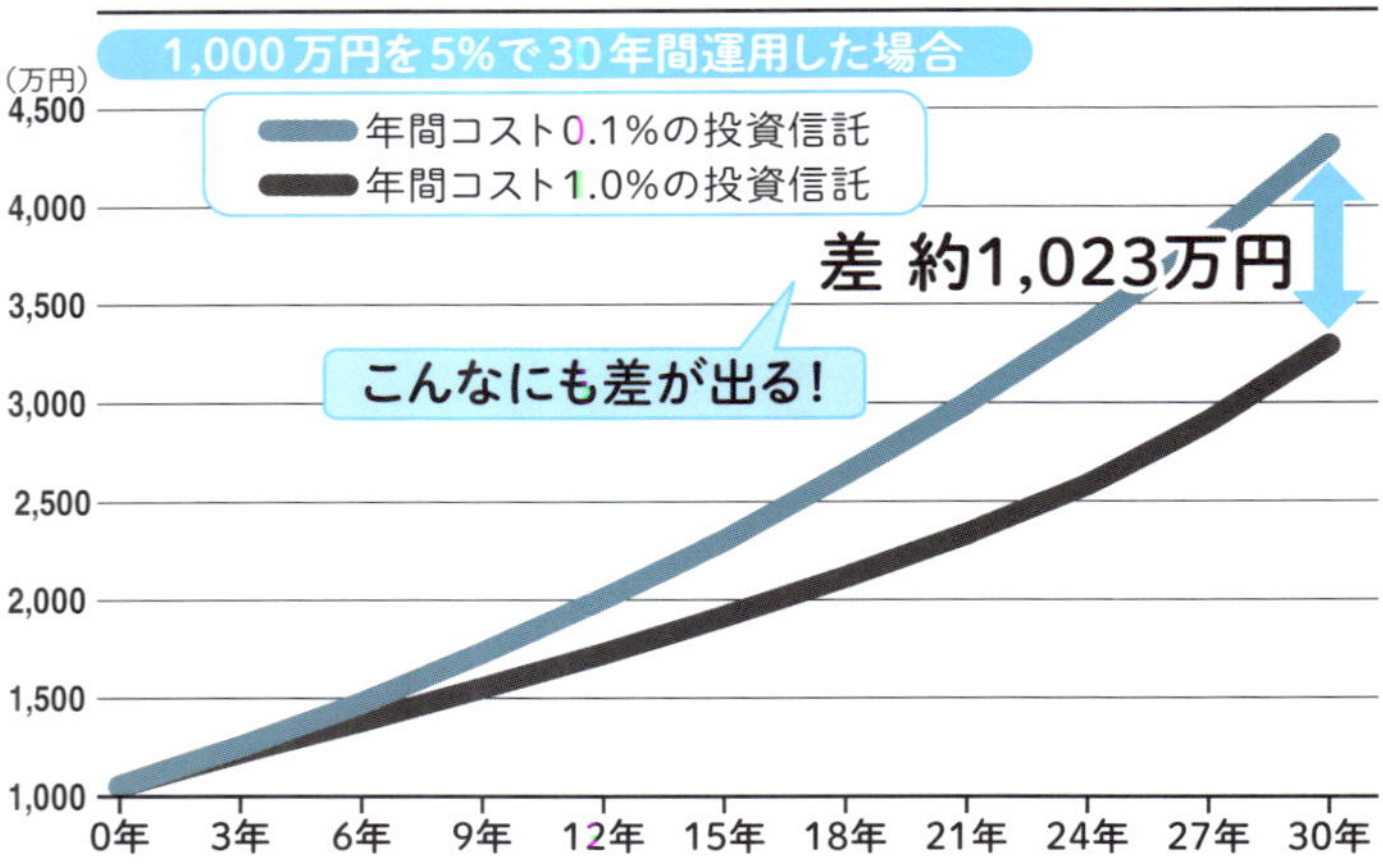

まさに、**利益は小さく確定し、損失は大きく膨らませてしまうという、最悪のパターン**です。

2章でお伝えした通り、税金や手数料といったコストは、長期的な投資成績に大きな影響を与えます。再掲で恐縮ですが、1000万円を年利5％で30年間運用する場合だと、これだけの影響があります。

・Aさん：年間コスト0・1％の投資信託
↓**約4336万円**（コスト：約131万円）
・Bさん：年間コスト1・0％の投資信託
↓**約3313万円**（コスト：約1154万円）

コストの差は、わずか0・9％ですが、

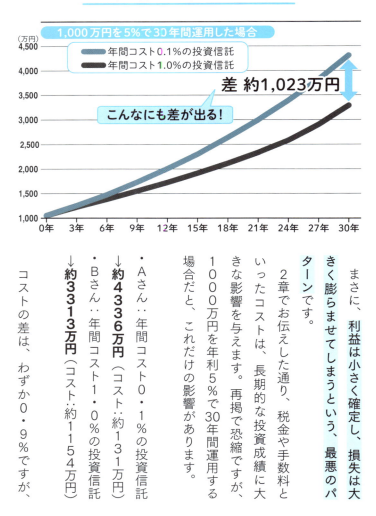

30年後には、AさんとBさんの資産額には、約1023万円もの差が生まれてしまうのです！　たった1％と言えど、長期投資においては、複利効果によって、わずかなコスト差が雪だるま式に大きくなります。

近年は、信託報酬が低い「低コストファンド」が数多く登場しています。特に、全世界株式に投資する「オルカン」は、低コストで分散投資効果も高く、長期的な資産形成に最適な選択肢の一つです。「オルカンを選ぶのは情弱だ！」といった意見を目にすることもありますが、それは単なる偏見で、逆張りして目立ちたいだけの人です。そうした声に惑わされる必要はありません！

投資リターンにこだわっても効果は薄い？

また、仮に個別株投資で高いリターンを出せたとしても、それが資産全体に与える影響は、意外と小さいものです。

例えば、資産1000万円の人で考えてみます。1000万円のうち、9割の900万円をインデックスファンドに投資して、年率5％のリターンが得られたとすると、1年後の資産は1045万円になります。

一方、1000万円のうち、個別株Aに100万円、Bに100万円、インデックスファンドに700万円を投資したとします。個別株Aは＋15％（＋15万円）、個別株Bは－10％（－10万円）、インデックスファンドは＋5％（＋35万円）のリターンが得られたとすると、合計の資産は1040万円になります。両者を比較すると、インデックスファンドに集中投資した場合の方が、資産は増えています。

もちろん、「個別株にもっと多く投資すれば、結果は変わるのでは？」という意見もあります。しかし、多くの人にとって、1つの銘柄に総資産の多くを投資するのは、リスクが高すぎて難しいはずです。

今回の例は200万円でしたが、これでも総資産の20％で投資額はかなり多いです。また、値上がりした際はタイミングを見て利益確定する必要があり、その見極めも難しい。

個別株投資は、一見魅力的に見えますが、リスクとリターンのバランスを考えると、必ずしも効率的な投資方法とは言えません。

効率的に資産拡大を図るなら、誘惑に負けず、インデックスファンド中心の投資を選んでみましょう！

心得④ 不安になったら「名著」を読む

「これからずっと投資のモチベを維持し続けられるのか不安……」

世間の資産形成に関する書籍は、長期投資を推奨するものばかりです。ですので、こうした不安を抱くのも当然ですし、よく質問もいただきます。

この対策としては、「証券アプリをブックマークから消す！」「ログイン情報を忘れる！」など、目を逸らすようなアドバイスをする人もいますが、根本の解決にはなっていないので、個人的にはどうかなと思っています。

何事もそうですが、知らないから不安になるのであって、知識と経験を蓄えれば、不安は軽くなります。

そして長期投資において最も有効な手段は、「投資の名著を読むこと」です。

【実体験】怪しげな投資本を読み漁った初心者時代

これは、自分の後悔からも強く感じています。投資を始めたばかりの頃、私は『100万円を1億円にする○○投資術！』といった、派手なタイトルの本ばかり読んでいました。簡単に儲かりそうな気がして、書いてあることを鵜呑みにしては、次々と新しい投資法を試しては失敗する……そんな「投資難民」状態でした。

「なぜ、もっと早く、まともな投資本を読まなかったんだろう……」

今になって思うのは、投資の基本を解説した「名著」を、もっと早く読んでおくべきだったということです。

儲けることを第一に考えてしまい、「長期・分散・低コスト」という投資の鉄則も、当時は知る由もありませんでした。書店で見落としていたのかもしれませんが、初心者向けの派手な本ばかりが目立っていたのも事実です。

もし、あの頃に名著に出会えていれば、投資の仕組みを体系的に理解し、遠回りせずに済んだかもしれません。

動画をきっかけに投資を始める人が増えている

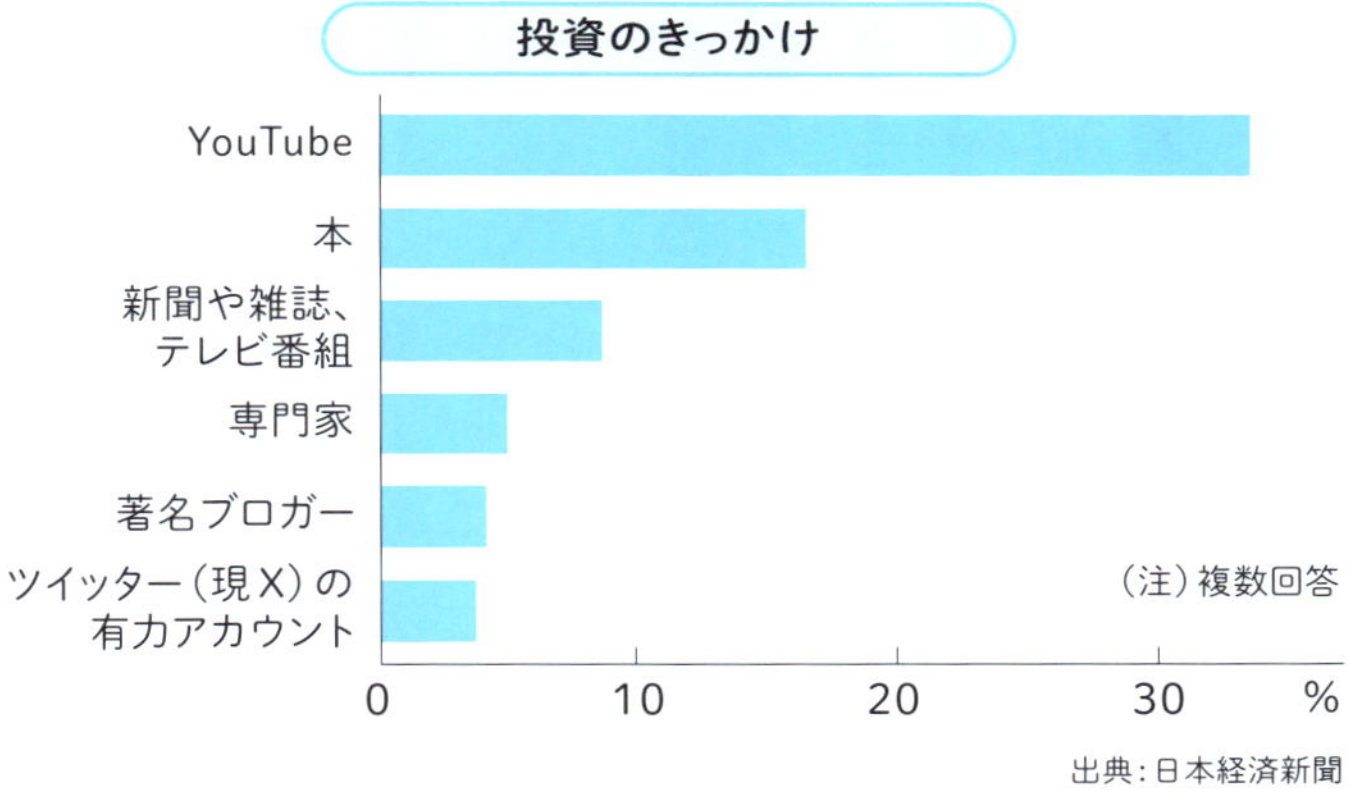

動画は入り口、本で理解を深める

最近は、YouTubeなどの動画で投資を学ぶ人が増えています。

2024年3月に実施した日経新聞の調査によると、投資の情報源としてYouTubeを利用する人が最も多いという結果が出ています。確かに動画は視覚的にわかりやすく、初心者にとって魅力的ですよね。

私自身も新しい情報を得たい時は、まずYouTubeをチェックすることが多いです。

しかし、**動画の情報は断片的になりがちという側面もあります。**

一般的に、人は1分間に約３００字程度の情報しか理解できません。20分の動画でも、伝えられる情報量は６０００字程度です。

一方、書籍の場合は、ジャンルにもよりますが、1冊あたり約10万字の情報を詰め込むことができます。つまり、1本の動画だけで、投資について体系的に学ぶことは、難しいと言えるでしょう。もしも動画で全ての情報を網羅しようとすると、約3時間半もの長編動画になってしまいます。

これでは、作る側も大変ですし、見る側も疲れてしまいますよね……。

動画は、投資の入り口として気軽に触れるには最適なコンテンツです。しかし、より深く、体系的に学びたいという場合は、やはり書籍の方が適しています。

普段、YouTubeなどで投資の勉強をしているという人も、ぜひ一度、書籍を読んで知識を深めてみてはいかがでしょうか？　きっと、新しい発見があるはずです。

長期投資の原則は、今も昔も変わらない

「投資の世界は変化が激しいから、本は役に立たないのでは？」

こう思う人もいるかもしれません。全くそんなことはなく、長期投資の基本原則は、時代を超えても変わりません。

名著には、時代を超えて使える本質的なノウハウが詰まっています。時の洗礼を受けてもなお、長年にわたり売れ続けていることが、その証と言えるでしょう。

短期投資は現在の市況が関係するので別として、長期投資の基本は、今も昔も変わりません。

もちろん、最新の制度や税制など、新しい情報は、最近の本で補う必要があります。しかし、投資の根幹をなす理論や哲学を学ぶには、名著から学ぶのが一番の近道です。

投資で成功するには、知識の「量」よりも「質」が重要です。まずは、投資の名著を1冊、じっくりと読んでみてください。投資の理解が深まり、自分の中でブレない軸ができるはずです。

私が独断と偏見で選んだおすすめの書籍を挙げておきますので、興味があればぜひお手に取ってみてください。

投資のおすすめ書籍

①『ウォール街のランダム・ウォーカー〈原著第13版〉』
バートン・マルキール（著）井手正介（翻訳）、日経BP
https://amzn.asia/d/aQ0CFEx

②『敗者のゲーム［原著第8版］』
チャールズ・エリス（著）鹿毛雄二、鹿毛房子（翻訳）、日本経済新聞出版
https://amzn.asia/d/3p3E4JE

③『インデックス投資は勝者のゲーム』
ジョン・C・ボーグル(著)長尾慎太郎（監修）藤原玄（翻訳）、パンローリング
https://amzn.asia/d/fcsEhAS

④『改訂版 金利を見れば投資はうまくいく』
堀井正孝（著）、クロスメディア・パブリッシング
https://amzn.asia/d/iznYuhm

⑤『【全面改訂 第3版】ほったらかし投資術』
山崎元、水瀬ケンイチ（著）、朝日新聞出版
https://amzn.asia/d/64ZV3dJ

⑥『JUST KEEP BUYING』
ニック・マジューリ（著）児島修（翻訳）、ダイヤモンド社
https://amzn.asia/d/cQuVYHr

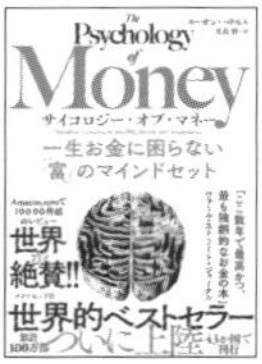

⑦『サイコロジー・オブ・マネー』
モーガン・ハウセル（著）児島修（翻訳）、ダイヤモンド社
https://amzn.asia/d/9aGvTXk

⑧『投資の大原則 第2版』
バートン・マルキール、チャールズ・エリス（著）鹿毛雄二、鹿毛房子（翻訳）、日経BP
https://amzn.asia/d/0yXAqTg

⑨『投資で一番大切な20の教え』
ハワード・マークス（著）貫井佳子（翻訳）、日本経済新聞出版
https://amzn.asia/d/9ru3upC

⑩『ベイビーステップ 1～』
勝木光（著）、講談社
https://amzn.asia/d/cm3uQlR

心得⑤「資産形成の軸」ができれば資産は増える

最後に、私が最も重要だと考えていることをお伝えします。

それは、**資産形成の軸ができれば、資産は必ず増えていく**ということです。

少し意外に思うかもしれませんが、その軸は株式投資に限らず、節約、ポイ活、転職、副業、不動産、暗号資産など、何でもいいのです。**重要なのは、自分なりの「勝ちパターン」を見つけること**。

なぜなら、「これなら勝てる!」と確信があれば、周りの意見に惑わされることなく、自分の選んだ道を迷いなく進んでいけるからです。

私の「勝ちパターン」は「70点の資産形成」

私自身の「勝ちパターン」は、「70点の資産形成」です。

これは、資産形成において重要な3つの要素、「支出を減らす」「収入を上げる」「運用で増やす」を全て70点のレベルで実践するという考え方です。具体的には、

【支出を減らす】

無理のない節約を心がけ、メリハリのある家計を作る。固定費削減、ポイ活、ふるさと納税など。

【収入を上げる】

ワークライフバランスを重視しながら本業で収入アップを目指しつつ、副業にも挑戦する。転職エージェントと定期的に面談する、初期費用が少なくて済むネット関連の副業など。

【運用で増やす】

「コア・サテライト投資」で着実に資産を増やす。インデックス投資9割＋好きな投資1割。

もちろん、人によって向き不向きはあります。

「70点の資産形成」のイメージ

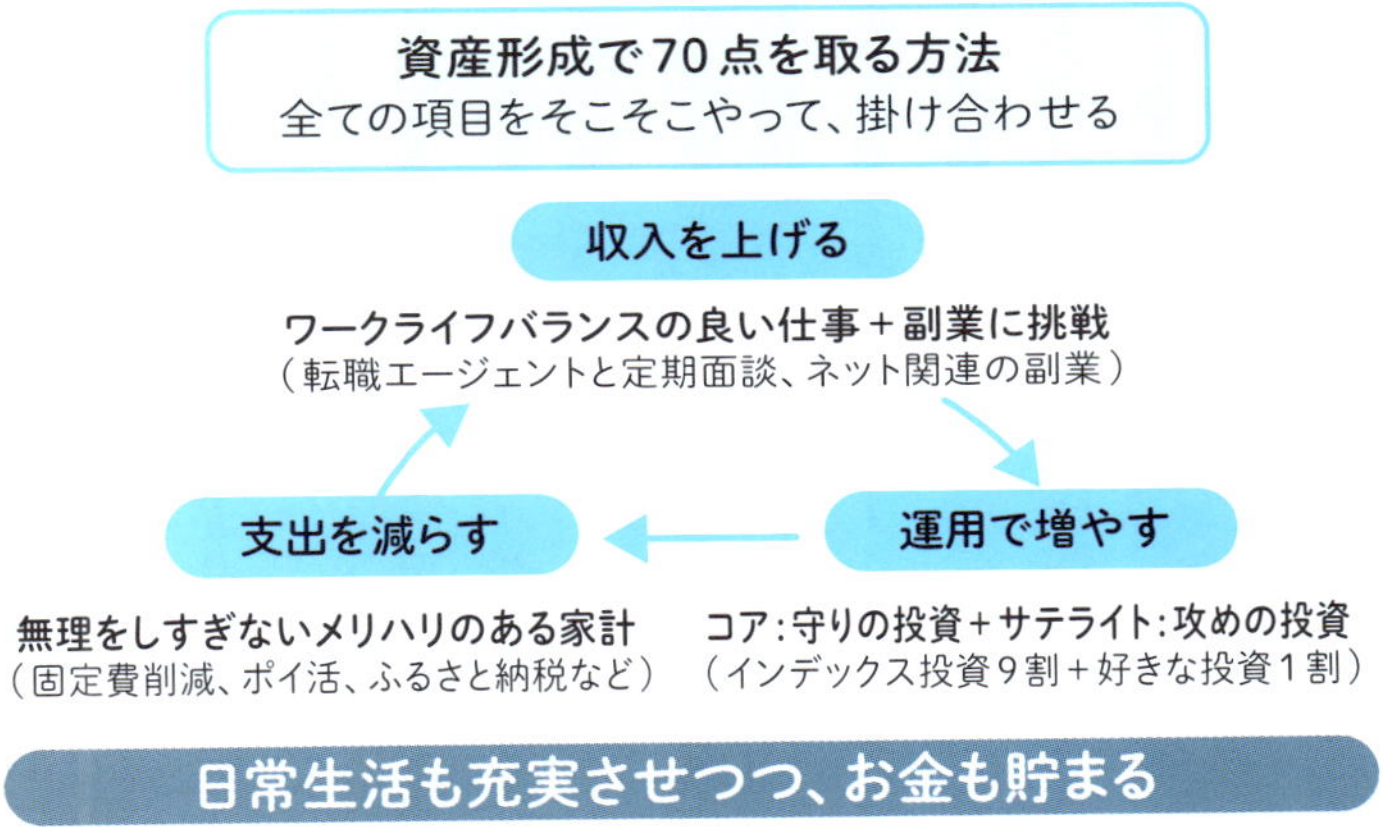
資産形成で70点を取る方法
全ての項目をそこそこやって、掛け合わせる
収入を上げる
ワークライフバランスの良い仕事＋副業に挑戦
（転職エージェントと定期面談、ネット関連の副業）
運用で増やす
コア：守りの投資＋サテライト：攻めの投資
（インデックス投資9割＋好きな投資1割）
支出を減らす
無理をしすぎないメリハリのある家計
（固定費削減、ポイ活、ふるさと納税など）
日常生活も充実させつつ、お金も貯まる

- **節約が得意な人**
- **ポイ活を極めるのが好きな人**
- **仕事や副業で稼ぐのが得意な人**
- **投資が大好きな人**

など、さまざまなタイプの人がいます。

私のような「**掛け算型**」で、バランス良く取り組むのも良いですし、何か1つを徹底的に極める「**一点突破型**」でも構いません。

大切なのは、あなたにとって最適な「軸」を決めることです。

投資は、あくまで人生を豊かにするための手段の一つ

繰り返しお伝えしている通り、投資は、人生を豊かにするために行う資産形成の中の一つの手段に過ぎません。

決して、無理をしてまでやるべきものではありません。

あなたのライフスタイルや価値観、そしてリスク許容度に合わせて、無理のない範囲で投資を行いましょう。

私自身、この「70点の資産形成」を実践することで、人生が変わりました。

家計を見直して支出を減らしたことで、心に余裕が生まれました。

本業と副業で収入を増やすことで、投資に回せるお金も増えました。

そして、投資元本が増えたことで、インデックス投資という堅実な運用方法で資産を着実に増やすことができ、経済的な自由度が高まり、サイドFIREを実現することができました。

一つ一つの要素は70点で、決して抜きん出ているわけではありません。

しかし、**掛け合わせることで、大きな成果につながる**のです。

何より、無理なく、楽しく、そして長く続けられるという点において、「70点の資産形成」は非常に優れた戦略だと考えています。

ぜひ、あなたも自分に合った資産形成の軸を見つけて、豊かな人生を歩んでください。

おわりに

資産形成を通じて、あなたが叶えたいことは何ですか？

最後までお読みいただき、本当にありがとうございました。

この本では、複雑な情報に惑わされることなく、新ＮＩＳＡをシンプルかつ効率的に活用する方法をご紹介してきました。

改めてお伝えしたいのは、新ＮＩＳＡはあくまで資産形成の「**手段**」であり、それ自体が「**目的**」になってはいけないということです。

大切なのは、「**何のために資産形成をするのか？　どんな未来を描きたいのか？**」というビジョンを持つことです。

「資産形成を通じて、あなたが叶えたいことは何ですか？」

突然こんな風に聞かれて、すぐに答えられる人は、どれくらいいるでしょうか？普段から自分自身や家族とじっくり話し合っていないと、なかなか明確な答えは出てこないかもしれません。

資産形成プランを考えるということは、すなわち自分自身や家族の生き方と向き合うことに他なりません。

私自身、資産形成を始めてから、妻とライフプランについて話し合う機会が格段に増えました。その中で、妻が家族や子どもたちの将来について、私よりもずっと深く考えていることを知り、自分の視野の狭さを痛感したことを覚えています。

お互いの夢や希望を共有し、資産形成の具体的な目標やプランを立てていく中で、資産形成のペースは自然と上がっていきました。

仕事でも、チームで同じ方向を向くことが重要ですが、家族と人生という長い道のりを歩む上でも、同じ方向を見て進んでいくことが何よりも大切だと実感しました。

そして、お金が増えていくこと以上に嬉しかったのは、夫婦の絆がより一層深まり、明確な目標を持つことで日々の生活にハリが出たことです。

これこそが、資産形成と向き合うことで得られる最大のメリットなのかもしれません。

「家族とじっくり話し合うなんて、なんだか照れくさい……」

そう感じる方もいるかもしれません。

でも、もしそう感じているのなら、新ＮＩＳＡをきっかけに、家族と未来について語り合ってみませんか？

勇気を出して一歩踏み出せば、きっと、あなたとあなたの家族にとって素晴らしい未来が待っているはずです。

この本が、あなたとあなたの家族にとって最適な資産形成スタイルを見つけ、そして豊かな未来を実現するための一助となれば、著者としてこれ以上の喜びはありません。

謝辞

この本を書き上げるまで、本当に多くの方々に支えていただきました。心より感謝申し上げます。

まず、私の拙い文章を根気強く、そして丁寧に編集してくださった翔泳社の小川さん、そして素敵な図やイラストで彩りを添えてくださった皆様には、感謝の気持ちでいっぱいです。皆様の的確なアドバイスと温かい励ましがなければ、この本を完成させることはできませんでした。

そして、日頃から私の活動を見守り、応援してくださっている視聴者の皆様、読者の皆様にも、心より感謝いたします。

YouTubeを始めた頃は、まさか自分が本を出すことになるとは夢にも思っていませんでした。ここまで活動を続けることができたのは、ひとえに皆様の応援のおかげです。本当にありがとうございます。

はじめての執筆活動ということもあり、多くの不安を抱えていましたが、そんな中、寺澤さんを始め「FIRECAFE」メンバーの皆様には大変お世話になりました。

出版経験豊富な皆様からいただいたアドバイスは、右も左もわからない私にとって、大変貴重なものでした。

まだまだ未熟者ですが、今後とも皆様と楽しく交流させていただけたら幸いです！


そして、どんな時も一番近くで支え続けてくれた家族には、感謝の気持ちで胸がいっぱいです。

発信活動を始めた頃は、まだ会社員として働きながら、早朝や休日の時間をやりくりして活動していました。

共働きで、小さな子どももいる中、家事や育児を分担しながらの毎日だったので、妻にはずいぶん負担をかけてしまったと思います。

なるべく家族に迷惑をかけないようにと、毎朝4時半に起きて作業していましたが、子どもが早起きしてしまっては、妻が寝室で面倒を見てくれました。

仕事でも私が遅くまで残業することが多く、自然と妻に負担が偏ってしまうことも少なくありませんでした。

それでも、妻はいつも笑顔で私の活動を応援してくれ、挑戦を続けるための大きな心の支えになってくれました。

普段はなかなか口に出して言えませんが、本当に感謝しています。

これからもどうぞよろしくお願いします！

最後に、この本を手に取ってくださった読者の皆様に、心より感謝申し上げます。

この本が、少しでも多くの皆様のお役に立てたのであれば幸いです。

資産形成を通して、あなたとあなたの家族の未来が、より明るく豊かなものとなりますように！

ぱすたお

【参考文献】

参考書籍

『ウォール街のランダム・ウォーカー〈原著第13版〉』バートン・マルキール（著）、井手正介（翻訳）、日経BP

『敗者のゲーム［原著第8版］』チャールズ・エリス（著）、鹿毛雄二、鹿毛房子（翻訳）、日本経済新聞出版

『株式投資 第4版』ジェレミー・シーゲル（著）、藤野隆太、林康史（監修）、石川由美子、鍋井里依、宮川修子（翻訳）、日経BP

『JUST KEEP BUYING 自動的に富が増え続ける「お金」と「時間」の法則』ニック・マジューリ（著）、児島修（翻訳）、ダイヤモンド社

『サイコロジー・オブ・マネー 一生お金に困らない「富」のマインドセット』モーガン・ハウセル（著）、児島修（翻訳）、ダイヤモンド社

『DIE WITH ZERO 人生が豊かになりすぎる究極のルール』ビル・パーキンス（著）、児島修（翻訳）、ダイヤモンド社

『【全面改訂 第3版】ほったらかし投資術（朝日新書）』山崎元、水瀬ケンイチ（著）、朝日新聞出版

『新しいNISA かんたん最強のお金づくり』横田健一（著）、河出書房新社

『お金は寝かせて増やしなさい』水瀬ケンイチ（著）、フォレスト出版

『「人生が充実する」時間のつかい方 UCLAのMBA教授が教える“いつも時間に追われる自分”をやめるメソッド』キャシー・ホームズ（著）、松丸さとみ（翻訳）、翔泳社

『株式投資2023 不安な時代を読み解く新知識（日経プレミアシリーズ）』前田昌孝（著）、日経BP

参考文献・サイト

『NISAを知る』金融庁

『国民のファイナンシャル・ウェルビーイング向上に向けて』第一生命経済研究所

『少額投資非課税制度（通称 NISA）口座の非稼働の要因分析』上山仁恵

『eMAXIS Slim 全世界株式（オール・カントリー）足下の当ファンドの基準価額下落について』三菱UFJアセットマネジメント

『NISAについて知っておきたい5つのこと』Fin Wing

『キャピタルゲインとは?インカムゲインとの違いや税金についても解説』MUFG

『新NISAにはメリットしかない?見落としがちなデメリットを、お金のプロが徹底解説』MUFG

『新NISAで上限額・限度額は拡大!年間投資枠と非課税保有限度額に分けて解説』三井住友銀行

『新NISAの限度額はいくら?年間投資枠の上限や非課税

投資枠の再利用についても解説』三井住友トラスト・アセットマネジメント
『よくあるご質問』楽天証券
『損益通算と繰越控除』大山日ノ丸証券
『新 NISA ガイドブック』アセットマネジメント One
『資産運用の必要性』投資信託協会
『投資信託の分配金とは』マネックス証券
『複利とは?:複利の効果や計算式、有効な活用法をわかりやすく解説』MUFG
『投資信託の手数料を解剖　長期運用に欠かせぬ視点』日本経済新聞
『投資信託選びのポイントは、とにかく「コスト」』朝倉智也
『eMAXIS Slim 全世界株式（オール・カントリー）交付目論見書』三菱UFJアセットマネジメント
『eMAXIS Slim 米国株式（S&P500）交付目論見書』三菱 UFJ アセットマネジメント
『もっと詳しく!: S&P500』大和アセットマネジメント
『Asset allocation determines 90% of the investment's performance』investor polis
『図解でわかる現代ポートフォリオ理論』TFICS
『Credit Suisse Global Investment Returns Yearbook 2023 Summary Edition』Credit Suisse
『Market perspectives』Vanguard
『老いる世界、人口減早まる　2080年代にピーク103億人』日本経済新聞
『【Vol.153】なぜGDPと株価は相関性が高いと言われているの?:』三井住友DSアセットマネジメント
『ライフプランニングについて』北陸銀行
『【第 135 回】ファイナンシャル ウェルビーイングとは?:』ミライ研
『全世界株式の平均利回りは何パーセント?:』投資信託ガイド
『NISA 口座の開設・利用状況』日本証券業協会
『投資信託の保有期間、長期化傾向が定着』日本経済新聞
『「能力のピーク」が40代以降に来る人の思考法』東洋経済
『新 NISA は資産形成の中核　投資枠1800万円・生涯非課税』日本経済新聞
『The Ultimate Guide to Safe Withdrawal Rates – Part 1: Introduction』Early Retirement Now
『Updated Trinity Study for 2024 – More Withdrawal Rates!』POORSWISS
『旧 NISA（一般 NISA）ってなあに?: ー概要としくみー』投資信託協会
『米国株式に集中?: それとも分散投資?:』ニッセイ基礎研究所
『Guide to the Markets』J.P.Morgan

会員特典データのご案内

『資産5000万円を達成する完全ロードマップ』をプレゼント!

本書をご購入いただいた方のために、新NISAを始めるに際しての解説動画をプレゼントします。

会員特典動画は、以下のURLにアクセス方法を記載したPDFを用意しております。手順にしたがってご視聴をお願いいたします。

https://www.shoeisha.co.jp/book/present/9784798188775

注 意

※会員特典データのダウンロードには、SHOEISHA iD（翔泳社が運営する無料の会員制度）への会員登録が必要です。詳しくは、Webサイトをご覧ください。
※会員特典データに関する権利は著者および株式会社翔泳社が所有しています。許可なく配布したり、Webサイトに転載することはできません。
※会員特典データの提供は予告なく終了することがあります。あらかじめご了承ください。
※図書館利用者の方もダウンロード可能です。

免 責 事 項

※会員特典データの記載内容は、2024年10月現在の法令等に基づいています。
※会員特典データに記載されたURL等は予告なく変更される場合があります。
※会員特典データの提供にあたっては正確な記述につとめましたが、著者や出版社などのいずれも、その内容に対してなんらかの保証をするものではなく、内容やサンプルに基づくいかなる運用結果に関してもいっさいの責任を負いません。
※会員特典データに記載されている会社名、製品名はそれぞれ各社の商標および登録商標です。

●著者プロフィール

ぱすたお

“普通の人”でも無理なく実現できる資産形成術やFIREをテーマに、YouTubeやSNSで情報発信を行う、マネー系YouTuber。

新卒で銀行に入行し、個人向け融資や金融商品販売を担当するも、わずか1年半で退職。

ヒモニート生活を経験し、貯金残高10万円の極貧生活を味わう。

再就職後は、支えてくれた妻に恩返しをすべく、本格的に資産形成を開始。

家計管理、投資、副業など、あらゆる方法を駆使し、7年間で資産5000万円と安定的な副収入を築き、31歳でサイドFIREを達成。

その過程で培った資産形成ノウハウを発信するため、YouTubeでの情報発信を開始。

現在は、家事・育児に奮闘しながら、趣味、YouTube活動、FIREコミュニティ運営など、自由なライフスタイルを満喫している。

【公式LINE】
https://lin.ee/giSVuel

【FIRE CAFE】
https://community.camp-fire.jp/projects/view/678752

【Instagram】
https://instagram.com/pastao_fire?igshid=OGQ5ZDc2ODk2ZA==

【X】
https://x.com/himoneeeeet

【YouTube】
https://www.youtube.com/@pastao-fire

装丁　　　　　　　　　　金井久幸（TwoThree）
本文デザイン・DTP　　ISSHIKI

9割の“普通の人”の最適解！

「逆算ほったらかし」新NISA《ニーサ》投資術

2024年12月18日　初版第1刷発行
2025年 2月25日　初版第2刷発行

著　者　ぱすたお
発行人　佐々木 幹夫
発行所　株式会社 翔泳社（https://www.shoeisha.co.jp）
印　刷　公和印刷 株式会社
製　本　株式会社 国宝社

本書へのお問い合わせについては、24ページに記載の内容をお読みください。

造本には細心の注意を払っておりますが、万一、乱丁（ページの順序違い）や落丁（ページの抜け）がございましたら、お取り替えいたします。

03-5362-3705までご連絡ください。


ISBN978-4-7981-8877-5　　　　Printed in Japan